鉄道 車内絵日記

SHANAI ENIKKI

イラスト・文 大崎メグミ

天夢人
Temjin

第 **3** 章

神奈川県を
走る鉄道

第 **1** 章

東京23区の
鉄道

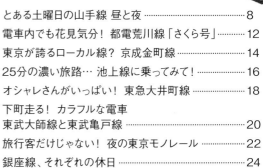

第 **4** 章

東日本エリアを
走る鉄道

第 **2** 章

東京郊外を
走る鉄道

※本書は『旅と鉄道』2014年3月号〜2023年3月号に掲載した連載「車内絵日記」に加筆、再編集してまとめたものになります。『旅と鉄道』掲載時のイラストを掲載しておりますので、情報や様子などが変わっている可能性があります。

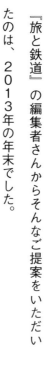

路線ごとに『車内絵日記』を作ってみませんか?

『旅と鉄道』の編集者さんからそんなご提案をいただいたのは、2013年の年末でした。

その頃私は、電車の中の人々をスケッチしてはブログにアップしたり、『荷物の持ち方』『本の読み方』など色んな格好で電車の中の時間を過ごす人々の姿をまとめたフリーペーパーを作成しては配る、という活動をしていました。(連載1回目〜3回目のテーマは、その名残です。)

電車の中の人には興味があったものの、鉄道にはまったく興味がなく……そのことも不安でしたが、なにより、『路線ごとにまとめて面白いかな……?』というのが一番の不安でした。よく分からないまま色んな路線を乗りに行ってスケッチしているうちに、意外とそれぞれ個性があることに気付きました。鉄道に第二の人生や第三の人生があることが分かってからは、車両そのものにも興味

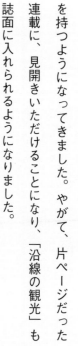

を持つようになってきました。やがて、片ページだった連載に、見開きいただけることになり、「沿線の観光」も誌面に入れられるようになりました。

『旅と鉄道』の編集者さんは皆さん寛容な方で、割と自由に描かせていただけたので、新しい画材を試してみたり、こんなレイアウトもいけるかな……？と遊んでみたり、私にとっての実験の場にもなっています。そのため、色んなタッチが並んでいる単行本になりましたが、これはこれで面白いかな……？と思い、ほとんど手を加えていません。

一回読んでいただいたら、次は初出一覧（P・127）を参考に、連載の順番で読んでいただけると、10年間の変化も分かって楽しいんじゃないかと思います。

最後に、『旅と鉄道』編集部に繋いで下さった鉄道ジャーナリストの松本典久さん、いつも〆切を待ってくださる（ごめんなさい）『旅と鉄道』の編集者さん、そして私の初めての紙の著作を買ってくださった読者の皆様に感謝をお伝えします。

プロフィール

大崎メグミ

イラストレーター/コミックエッセイスト/
電車内文化研究家

　JR中央線・京王高尾線沿線で育つ。その後、JR京浜東北線沿線→東武東上線沿線→東急池上線沿線……と引っ越すうちに、沿線住民になる楽しさを覚える。趣味は鉄道で出かけること、電車内・カフェでのスケッチ。

　イラストを手がけた書籍に、『電車の中の迷惑なヤカラ図鑑』（東京書店）、『モノのなまえ事典』シリーズ（ポプラ社）等がある。著書に、『ネットで旦那、ひろってきました！』（impress QuickBooks／電子書籍）。2014年3月号〜雑誌『旅と鉄道』（天夢人）で、「車内絵日記」連載中。鉄道初心者の立場から、親しみやすい記事作りを心がけている。

自画像の変遷

連載6回目

i-phone片手に行ってきました〜

8回目

28回目

第 1 章

東京23区の鉄道

都電荒川線
P12-13

東武大師線と亀戸線
P20-21

JR山手線
P8-11

京成金町線
P14-15

東京メトロ銀座線
P24

東急大井町線
P18-19

東京モノレール
P22-23

東急池上線
P16-17

昼

平日の朝はサラリーマンでぎゅうぎゅう
な区間も、土曜は昼も夜も
すっかすか。

とある
土曜日の
山手線
昼と夜

東京駅から乗ってきた
カップル。手には、東京駅
でしか買えない手土産の
紙袋

おかげで車窓
がよく見えます

とある土曜日の昼と夜、
山手線をぐるっと一周
してみました。その駅っぽい
顔ぶれがそろった
ような気がします。

START

取材
には、
「都区内
パス」を
使いました。山手線は
もちろん、23区内の
JRが乗り放題！
￥760

東京　有楽町　新橋　浜松町　田町　高輪ゲートウェイ　品川

夜
は
仕事帰りの
人
が
ちらほら

意外と田町から
けっこう
乗りました。

サラリーマン

ガテン系のひと

夜

8

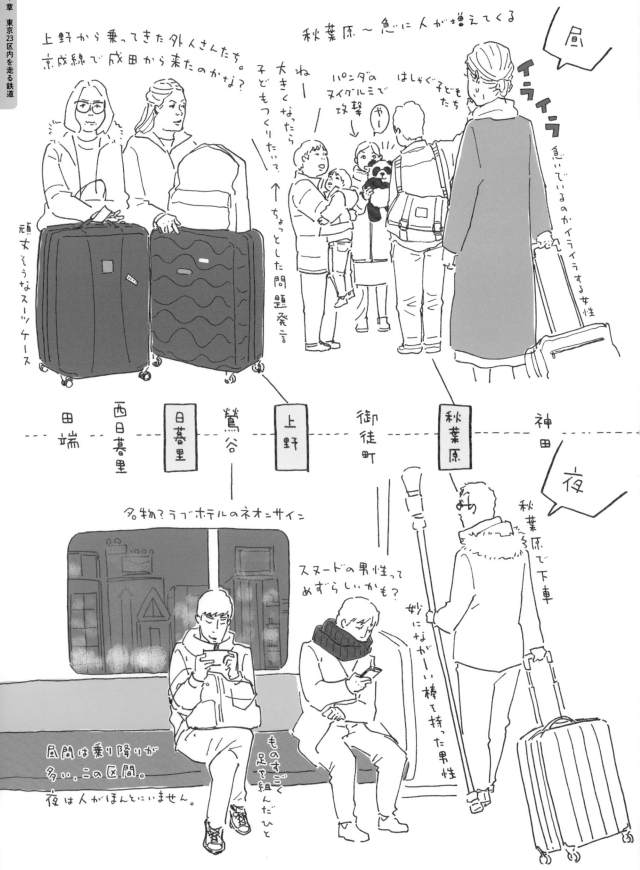

さくら号に乗ろう！と思ったものの、何時に走るのかは直前にならないと分からないとのこと。ならば車庫で見はっちゃおう！ということで「荒川車庫前」へ。

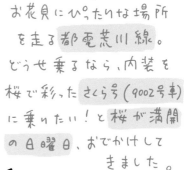

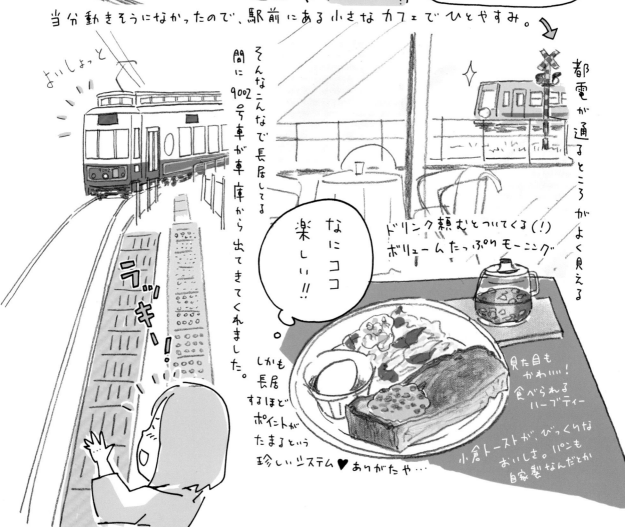

電車内でもお花見気分！
都電荒川線「さくら号」

お花見にぴったりな場所を走る都電荒川線。どうせ乗るなら、内装を桜で彩ったさくら号（9002号車）に乗りたい！と桜が満開の日曜日、おでかけしてきました。

待機中の
←車両が見れる

荒川車庫前

チー…□
今日そもそも
運行するのかな？

待機してる中に
9002号車がないじゃないかー

当分動きそうになかったので、駅前にある小さなカフェでひとやすみ。

よいしょっと

9002

ガ゛タ゛ン゛！

そんなこんなで長居してる間に9002号車が車庫から出てきてくれました。

しかも長居するほどポイントがたまるという珍しいシステム♥ありがたや…

なにココ
楽しい！！

都電が通るところがよく見える

ドリンク頼むとついてくる（！）
ボリュームたっぷりモーニング

見た目もかわいい！
食べられるハーブティー

小倉トーストが、びっくりなおいしさ。パンも自家製なんだとか

皆さんにも好評な様子

始発の荒川車庫前から乗ってきた
おばあちゃんと孫。途中で降りて
折り返しでも
うまいこと
乗ってきた。
やるな、
おばあちゃん！

しゃくらー！

電車内の光も
ピンクがかって
やわらかい印象に。

9002号車（さくら号）

見上げると
桜の装飾が…！！

電車の中で
花見とは…
いいねーえ

ほーう

車内は満開ねえ

偶然か必然か？
お花見ツアー客

ガイドさん

一斗ヘツ ←カシャカシャ

はいもうすぐ
ほんとの桜が
きれいに見える
からねー

どこで？

あら
ほんと

飛鳥山公園にて

はくつるのヘッドマーク
がついたスマホで
写真撮るおじさん

セリフが
おっさんくさい
小学生

個人的には、あおおびのくすんだ色合いがスキ♡

4月末と6月上旬頃に引退を控えた
7001、7022号車にも乗ってきました！

ひかえめな
ヘッドマークの
あかおびさん

早稲田

7001

ARAKAWA CITY
おつかれ様
7000

ひえー
めっさ揺れてる〜
やっぱ古いから？

ハラハラ

あーん

赤ちゃんをあやそうと
ユサユサするだけで
電車がユラユラ。

三ノ輪橋

あおおび

7022
SINCE 2007

前から見ても
後ろから見ても楽しめる
2種類のヘッドマーク

腰からぶらさげた
お茶のペットボトルと折りたたみ傘。
お父さんは大変だあ

※「京成電鉄下町日和きっぷ」は、2023年2月現在510円です。

東海道新幹線
横須賀線

ベンチでのんびり読書する人も。
周辺住民の癒しスポット

大井町線

品川区はこの区間だけ。
でも車内の動画広告はケーブルテレビ品川

乗り換えでどっと混む

地元住民でも時々混乱します。

駅のホームから新幹線と横須賀線が見える！

大井町線との乗り換えは複雑で

御嶽山

洗足池

旗の台

戸越銀座

五反田

2019年夏にリニューアルし、戸越銀座駅そっくりの木の駅舎に！パイン林のいい香りが♡

商店街のコロッケと戸越銀座温泉が大人気

ビルの4Fという不思議な立地

25分の濃い旅路…池上線に乗ってみて！

品川区五反田と大田区蒲田を結ぶ東急池上線。18m3ドアの3両編成が約5分おきに走る姿はまるで路面電車。観光客や鉄道好きな人がそんなに乗る路線でもないので、地元の人の日常をかいまみることができます。沿線に温泉銭湯も多いので、タオル片手に乗ってみて！

中年男性
社長顔の

グレンチェックのジャケット
使いこまれた革のカバン
黒のスラックス

鮮やかなおばさま
世田谷線みたいな色のコート

デイトレーダー…？

さの上にスマホ♪

大型スーパーの少ない洗足池で降りていきました

中身パンパンなサミットのレジ袋×2

トート
レジ袋①

「あいつすごいよ渋谷のスクランブル交差点」
「え見たことあるしら」
「フツーだよ」
「やばい生だ」
「なよ」

●能研に行くところの子どもたち。「いや近いでしょ渋谷」と心の中でツッコミました。

16

11月末から「緑の電車」ラッピングも登場！

多摩川線も一緒に並ぶと圧巻！頭端式ホーム

池上本門寺

徒歩10分

どっと混む

池上

蒲田

→

銭湯激戦区！

駅リニューアル工事中…

旧3000系車両のツートンカラーを再現した

池上線の顔？7000系車内

「きになる電車」出会えたらラッキー！

緑の電車だね〜！

動画で撮影する鉄道ファン

学校帰りの女子高生

地元の人にとっても珍しい風景のようで、撮ってる人がけっこういました

朝の電車

ちょんまげヘアー

たぶん大学生

男モノのゴツいビジネスバッグのおばさま

「ライヤ…」って

処方された葉をひろげて数えるひと

夕方・夜の電車

やわらかい色のLEDで車内が包まれます

「きになる電車」は車内もレトロ！

シートも落ちついた色合い

つり革もにぎりたくなる木製

どういうお仕事帰りか知りたいような

つまようじ！←

知りたくないような…

横浜まで行ってきたのかな…？

フリルがたくさんついたセットアップ

そごうの紙袋いっぱい！

白いジャージのセットアップ

ヴィ◯ンのセカンドバッグ

蒲田にはクリエイターを引き寄せる大きなユザワヤが！

yuzawaya

yuzawaya

オシャレさんがいっぱい！東急大井町線

東急田園都市線・東急東横線・東急目黒線・東急池上線との接続がある東急大井町線。接続が多いからなのか、自由が丘・二子玉川というおしゃれタウンを通るからなのか、休日の電車内はオシャレしておでかけする親子連れやカップルでとっても華やか！等々力渓谷や九品仏浄真寺など、ちょっとした観光スポットも。

等々力渓谷

橋の上と下では2℃くらい違う！

VERYに出てきそう！な母娘

恋人みたいなポーズ

ネクタイ曲がったサラリーマン

徒歩3分

休日の周門は人が多いので注意！

渓谷の入り口にはフルーツサンドのお店。¥850という価格にも驚きましたがおいしさにもびっくり！

数独

シックスシューズ

青い各停は、田園都市線の線路に入り、二子新地と高津に停車 ややこしい

構内踏切風？

等々力駅

尾山台　等々力　上野毛　二子玉川　二子新地　高津　各停　溝の口

各停　青各停　各停　急行　緑の各停

東急田園都市線

けたたましいVVVFインバータ音

各停 ¥　各停　緑の各停

路線図に忠実？　大井町線のロゴ

大井町線。

二子玉川からなんだかにぎやかに。

アップヘア

オシャレさんカップル

らっ

空になったサーティーワン

カタタタターン

響きわたるエンターキー

走りまわる子ども

NBスニーカー　ロングフレア

溝の口→大井町の電車内

どこか東南アジアの言語と思われる

持ちものはサイフだけ？

曳舟→亀戸の電車内

わずかな乗車時間でササッとお化粧

4車線の明治通りを横切る大きな踏切が

つっかけ

小村井

東あずま

迫力たっぷり!

構内踏切

構内踏切

亀戸水神

徒歩3分

こぢんまりした亀戸水神社

亀戸

亀戸天神

徒歩12分

まちがえる人が多いのが、ホームに「亀戸天神は次の亀戸駅が最寄り駅です」と貼り紙が

1人で座る少年

ナップサックから

風船

大きなショッピングバッグ

ちょうど菊まつりをやっていました!

ば〜い!

近くにくず餅で有名なお店の本店も♡

亀戸→曳舟の電車内

NIKE

スケボー？

亀戸→曳舟方面はショッピング帰りの人が多い印象

下町走る！カラフルな電車
東武大師線と
東武亀戸線

東武大師線

西新井大師

2分で着いてしまうので
あっ、という間！スケッチ
するヒマもありません…

残念ながら
フリーきっぷ筆
は、なし。

徒歩
1分

大師前

昭和30年代の
試験塗装風
カラーリング

草だんご列車

西新井

東武スカイツリーライン

感染者数も落ちついてきた秋の暮れ、
東武大師線と東武亀戸線を取材してき
ました！大師線と亀戸線で共通運用して
いる8000系は標準色＋リバイバルカラー
3種類の計4種類のカラーリングがある
ので、次は何色の電車に出会えるのかワクワク
します。どちらも「地元の足」として使われ
ているので下町情緒たっぷりです。

大師前駅には自動改札機も
券売機もナシ！しかも無人駅！

シャッターおりてる　西新井駅で
精算する
システム
だそうです。

通っていいの！？

一瞬小田急線
に見える！？
8000系
標準色

曳舟

昭和30年代の
標準塗装
を再現

スカイツリーと電車のコラボ

東武亀戸線

5駅ありますが終点まで
わずか8分！1駅ごとに
乗り降りする人がけっこう
いるので沿線に住んでる
人にとって大事な足なのだな
と実感。
「東京スカイツリー
周辺散策フリーきっぷ」が
使えて観光客にも便利！

東武
大師線
電車内

だんも
つかまら
ないフリ革

子どもには高い窓

1000円札手持ち
のおじさま。
西新井駅で
精算するのかな…？

旅行客だけじゃない！夜の東京モノレール

夕方の
羽田空港第2ビル行

これから出張かな…？な
ビジネスマン多め。

スーツケースや大きい荷物置く用
のスペースがあるのは、空港に
アクセスする路線ならでは。

電車内でもお仕事中

よっぽど近眼

業務用
鶏皮って
何…？
気になる…

ハプニングも

だよ！

「羽田空港国際線ビル駅」
であわてて降りる
夫婦。

夜の
モノレール浜松町行

途中の駅（特に流通センター）で
仕事終わりの人がどんどん乗ってきて
最終的には満員電車に。

浜松町と羽田空港を20分
程度で結ぶ東京モノレール。
旅行者でいっぱいのにぎ
やかな車内をイメージして
いたのですが、平日・夜
のモノレール車内は働
いている人の日常が
垣間見える、思いのほか
大人な空間でした。

天王洲アイルで
サワーをプシュッと
乗ってきて。もうすぐ終点
ですよ。

羽田空港第1ビル
から乗ってきた
メイクばっちり
女子。もしかして
CAさん…？

手荷物置場！また
行こうね！

「羽田空港第1ビル」
「第2ビル」とか違い
してのんびり
しちゃったのかな
…？

ありがとう。

旅行帰りの
おばさま3人組

※駅名が2020年3月に変更になっています。羽田空港国際線ビル駅
→羽田空港第3ターミナル駅、羽田空港第1ビル駅→羽田空港第1
ターミナル駅、羽田空港第2ビル駅→羽田空港第2ターミナル駅

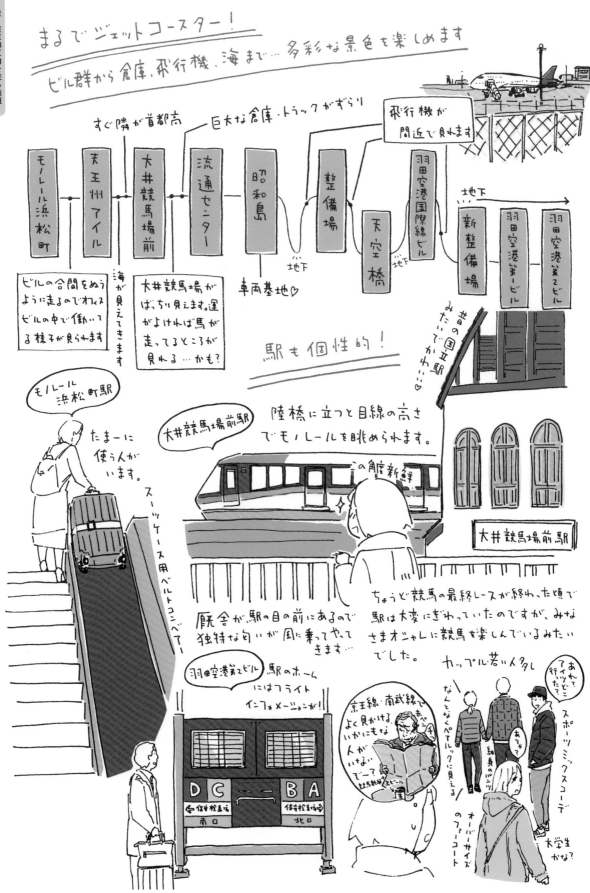

銀座線・それぞれの休日

渋谷・銀座・
上野・浅草…と
観光地がめじろおし
の銀座線。
いろんな目的で
銀座線に乗る
人たちを追いかけ
ました。

渋谷
表参道

新橋
銀座

日本橋

神田

上野広小路
上野

田原町
浅草

表参道から乗ってきた目つき
怖いおばさま。
夫と離れて座ってました。田原町で降りるまで

影のモ以外ほぼ黒なのにやたらめだつ。下町のおばさま。

チリチリ金髪

新橋で降りた
サラリーマン。
今日もお仕事
ですか？

キンキラバッグ

唐草ニット

なぞのヒール↓

さかだった前髪

3世代で遊べるのも、銀座ならでは！

神田あたりで見かけたおじさん。黄色のエコバックがまぶしい。

ハロー・キティのエコバック…！？

青山あたりで乗ってから田原町で降りるまでずっと立ってた女性。まるで銀座線コーディネイトな色づかいがステキ！

上野広小路から乗ってきた親子。早速おもちゃをおひろめ。

上野から乗ってきたアメ横の帰りかな…？外人さん。

ICA
BananeX

第 2 章

東京郊外を走る鉄道

多摩都市モノレール
P30-31

西武山口線
P32

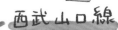

京王競馬場線
P29

JR八高線
P33

西武多摩川線
P26-27

京王高尾線
P28

片道16分!
西武多摩川線で
小さな旅

西武線の中で唯一、ほかの西武線との接続がない西武多摩川線。そのせいもあってか、武蔵境駅でJR中央線から乗りかえると、急にローカル線に迷いこんだような不思議な感覚になります。たった6駅ですが、それぞれ個性があり、色んな人が乗り降りするので、何度乗っても飽きません。

おばあちゃんとコテツくんの特等席

ういいい

カニカン
カニカン

座席にひざ立ちでちょうどいいくらい

ガーン

大人も座ると何も見えない

子どもがかぶりつくには高すぎる窓

ブラーン

武蔵境

全線単線

新小金井

駅舎もかわいい♡

構内踏切!

セブンのアイスカフェラテ
飲み方が酒っぽい

レジ袋×2
スーパーのレジ袋を持ったひと多し

スウェットパンツ

法事の帰りっぽい3人組

同じ紙袋

紙袋

ビッグシルエットパーカー

疲れたのか足モミモミ

リブニットパンツ

武蔵境駅と多磨駅以外は有人改札の名残が!

きっぷはこの箱に入れる

手前にICカード改札機

出場

武蔵境→是政の電車内

網棚にもボストンバッグ

大荷物なひと ？ やっぱり棒？？

たぶんお墓まいりに行くところ

香ばし麦茶とスマホだけ持った女子高生

スーツケースにぶっさしたビニール傘 晴天だけど

花束

いかにもなおじさま。競艇場前で下車

クセのついたマスク

多磨霊園

靴下短い

駅までエンジン音が聞こえてくる

東京競馬場

ボートレース多摩川

駅→会場へは屋根つきのデッキが！

横内踏切

白糸台

多磨

Since 2020〜

近代的な建物でびっくり！

京王線とクロス

マスコットキャラ

でもホームは1つというギャップ♡

徒歩約10分

是政

競艇場前

現在はホーム1つで運用。かつて使われていたホームにはモーターボートが！

レールもない…

駅近くの是政橋から多摩川をわたる南武線が見える！

競馬新聞の切り抜きをながめて、あーだこーだ

競艇場前から乗車したおじいちゃん。

オロナミンCをぐびぐび。

かつおぶしの大袋

ベーコンブロック

持ち手キュッ

スーパーのレジ袋

買い物カートでもなさそうだし…何のカート…？

是政→武蔵境の電車内

あついよ！
日曜日の
京王競馬場線

こんなに おっさん率 たかくて 皆が 新聞を ひろげている 電車が ほかに あるだろうか。 いや、ない！！

東府中駅から出ている 「府中競馬正門前行」。 乗っている時間は わずか2分 ですが、 独特な 熱気に つつまれた 2分間でした。

行きの電車（すでにビールのにおいが！）

ラジオききながら 馬券記入や。

ビニール傘のなかにはさらに新聞束が

赤ペンをくわえてキュポ！

読んでは、はがされていく新聞

電車を降りるとホームには たちぐいそば屋。 ビールももちろんあって、京王線らしからぬ風景。

改札を出たら 競馬場への道は一直線！ 私もこのながれにのって 競馬場へ！

⑥ TOKYO RACE COURSE

おじさんと若い女性…

ギャルと多い、親子づれ。

来週にむけて予習中？なおじさんも。

ぐったりな親子。

そして夕方、帰りの電車。

すぐおりる駅なのに、うとうと。

29

みんなで応援！レオライナー

西武山口線（レオライナー）は西武遊園地駅と西武球場前駅を結ぶ小さな電車です。
私が乗った時は遊園地西での乗り降りはほとんどなく、球場に向かう人でいっぱいでした。

ワンマン　西武球場前

LEO LINER

紺のキャップにジャンパー姿。おじさんに多い。

一番よく見る、服の上から白のユニフォームなんて人たち。

たまーに見かける対戦相手・楽天のユニフォーム。

西武多摩湖線から一斉に乗りかえる人たち。
試合開始まであと1時間半！

西武球場前	遊園地西	西武遊園地

← 約7分

座席も当然小さい。

あきらかにヒザがぶつかりそうなので自然とおじさんの斜め前に座る形に。

カップルにはちょうどいいサイズ感かも？

途中、遊園地から手をふる親子がいて、ほっこり。この路線ならではですね。

リュックはよそからおろそうフラグ

応援用前掛け

狭いのにわざわざ前かがみになって、より距離をつめる彼氏。

saitama seibu

キュートなトートバッグもさりげなくライオンズグッズ

Laundry

帰りの電車は、中途半端な時間だったこともあり、がらがら。
親子連れもいなかったので、遠慮なく展望席に。
線路じゃない風景は、なんだか新鮮。
すいてたらぜひ！

ドキ　ドキ

※駅名が2021年3月に変更になっています。西武遊園地駅→多摩湖駅、遊園地西駅→西武園ゆうえんち駅

親子で映画でも観ているみたい。

ひと目でわかる撮りテツ。

一眠りでハグがつかる

やたら大きくて重そうなショルダーバッグ。

かぶりつきおじさん。

がっつり、かぶりつき。

なぜか、背中・おなか・おしり(!?)をかがいしながら

たそがれるおじさん。

窓の外に注目！ 八高線

八高線沿線は緑がいっぱい！なぜいか、乗っていると必ず、窓の外をながめる人たちに出会えます。特に日曜日の先頭車両では座っている人も立っている人も窓の外をがんばって見ていて、まるで登山列車に乗ってる時のようなワクワク感がありました。

電車好きな、中学生くらいの男の子とおじいちゃん。

座ってても、やっぱり、窓の外見てる。

駿河の大学でぱぁっと景色がひらける。身を乗りだすおじいちゃん。

ほぼ無言で景色を見つける ボーイスカウト さんたち。

一番年上で隊長っぽい

甘二のピンクのスカーフ＋カーキ色の服

ワッペンいっぱい

よく日焼けしてる。

鉄道目的な人たちは、高麗川駅で高崎方面への列車にダッシュしていきました。

車内絵日記が
できるまで①

車内絵日記はどうやって描いているんですか？ とよく聞かれます。ここでは、そんな取材の様子をルポにしました。沿線に観光地・繁華街・住宅街・職場や学校がバランスよくあると、いいスケッチが描ける気がしています。「テツ要素」もあると、なお良しです。

取材の様子

当たりをつけた路線に乗ってみてひたすらスケッチ

MOLESKINEの
スケッチブック

ミリペン
PIGMA 0.3

短い路線だと
フリーきっぷを使って
いいスケッチが描けるまで
何往復かします。

**車両を描く時には
THETAが便利**

撮りづらい天井や床の資料もこれで確保

360°撮れる
…といいつつ
かなりブレる…
のでiPhoneの写真も不可欠.

落としたら
損害が大きい
ので、とにかく
首から下げる
（ダサいとか
気にしない）

**思い出しながら
駅のベンチで描く時
もありますが…**

んー
なんか
違ったような…

今イチしっくりきません…

**そして…
気になる駅で
降りては観光**

一番の楽しみ
だったりする.

第 **3** 章

神奈川県を
走る鉄道

横浜市営地下鉄
ブルーライン

P42-43

横浜市営地下鉄
グリーンライン

P40-41

相鉄本線
相鉄・JR直通線

P38-39

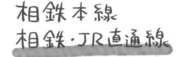

京急本線

P46

京急大師線

P36-37

江ノ島電鉄

P48

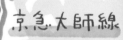

JR鶴見線

P47

箱根登山鉄道

P49

金沢シーサイドライン

P44-45

京急創立120周年

京急120年の歩み号・先頭車両の様子

車内の中吊りや窓に上も「京急の歴史」など京急一色!!

もはや座ってない

競馬に行くと思われるおじさま

顔色悪いので、ビールかと思いきやファ●タ。（グレープ）

スタンプラリー2部持ち

三車線の道路（産業道路）を横切る踏切は圧巻！2018年度中には地下化してしまうそうで残念…

コトーン

カンカン

駅の目の前にある橋からは対岸にある工場…

そして手前に貨物列車が見えます。かっこいい…！

⑤ 東門前　⑥ 産業道路　⑦ 小島新田

川崎大師

GOAL

トーートーー

仲見世では、名物の飴を切るリズミカルな音が聞こえて楽しい気分に。

昔はこの先も線路が続いてたんだとか…。

※駅名が2020年3月に変更になっています。産業道路駅→大師橋駅

京急大師線でスタンプラリー！

スタンプラリーは6月3日まで！

歴代の京急車両のカラーリングが一度に見れる「京急120年の歩み号」が走っている…ということで最近気になっていた京急大師線。ちょうど「大師線スタンプラリー」が開催中だったので、一石二鳥(?)な

書きやすい！

スタンプ5個で先着5000名にプレゼント！のメモ帳

大師線めぐり！

スタンプ全部(11個)で応募できる「120周年記念全11駅入場券セット」

抽選で120名に

？

プチ旅行をしてきました。

高いビルがいっぱい…！

START

ん？なにやら足あとが…

味の素の構内をつっきる形で電車が走っている、なんとも不思議な光景。

① 京急川崎
② 港町
③ 鈴木町
④ 川崎大師

川崎競馬場　マーケットスクエア川崎イースト

スタンプが設置されていた。「マーケットスクエア川崎イースト」からは競馬場が見えます！

ここを走るんか～

駅名も味の素創業者の鈴木三郎助にちなんでいるんだとか。地面の足あとをたどっていくと、「味の素うま味体験館」にたどりつきます。

ほとんどの観光客は、ここで降りて川崎大師へ向かいます。

あちち…

焼きたてがおいしい…！ダルマせんべい

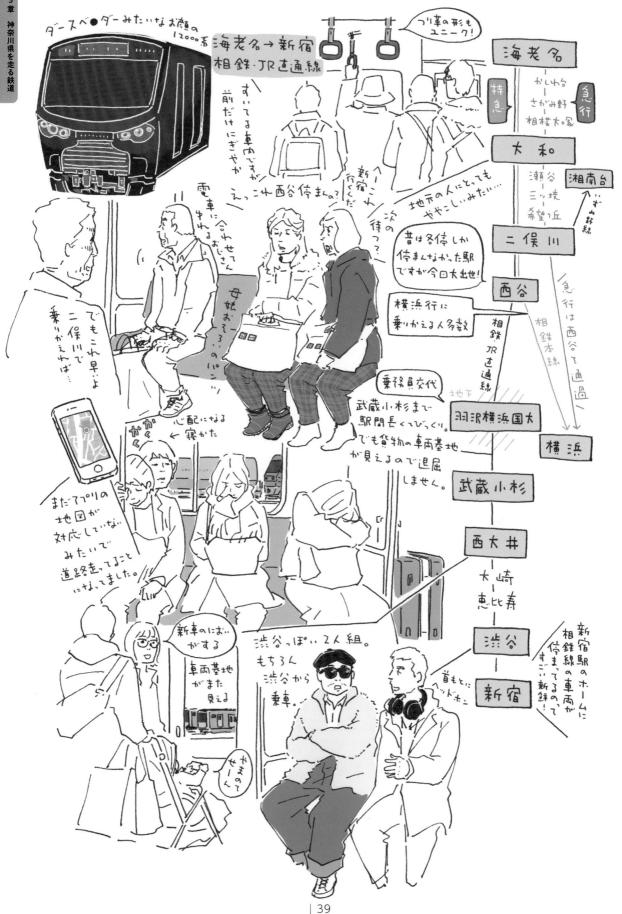

リニアモーターで走る
ローカル線！
横浜市営地下鉄
グリーンライン

横浜市営地下鉄 路線図

グリーンライン
あざみ野
中山
日吉
横浜
ブルーライン
湘南台

拡大図

ちょうど紅葉
まっさかり！
慶應義塾
大学の
銀杏
並木

東山田　高田　日吉本町　日吉

駅直結の
歯医者さん、●●歯科
医院はこちらです

バスみたいな
車内アナウンス広告 ←

2021年12月、横浜市営地下鉄
グリーンラインに乗車。こぢんまりした
車両で郊外の拠点と拠点を
結んでいるからか、ローカル線
のような雰囲気があり、横浜
市民の生活をのぞいた気分に
なれます。

横浜市交通局　No.1●●●
SUBWAY ONE-DAY PASS
市営地下鉄
一日乗車券
2021.12.XX
おとな 740円

グリーンラインも
ブルーラインも乗り放題
のフリーパス ¥740

リュックから
テニスラケット

ゴルフバッグ？

web に運行時刻表があるよ

グリーンライン10周年
記念装飾列車

ラッピング
車両
じゃん

大当たり
じゃん

ランニング
の服装の
方も見ま
した。
スポーツ
が盛ん
なんでしょうか…？

スポーツ
タイツ

せっかくのラッピング
車両ですがホームドア
であまり見えず…
(逆にいうと安全…!)

センター北～センター南間は
ブルーラインとの併走区間、かつ
地上に出ているので電化方式
の違いもよく見えます！

モノレール
みたい…！

ちっちゃく
たたまれた
パンタグラフ

観覧車

2022年
夏頃から
6両編成
で走る
計画が！

グリーンライン
4両編成

第三軌条なのでパンタグラフなし

ブルーライン
6両編成

北山田

鉄輪式リニアモータカー
急勾配もへっちゃら！

本数が多くないので
実際には併走ゾーン
に出会えず…でした。

高架

センター北

センター南

似合うオッシャレさん

肩掛け
ファッションが

中山

川和町

都筑
ふれあいの丘

プチプチに
くるまれた
カーボンヒーター

路線図
見ながら
おしゃべり

リュックに巻いたフェイスタオル

ビック
カメラの
ツール

軍手

ツニアクラブ…？？

消毒液？

KALDI

ちなみに駅名標は驚くほどシンプル！

Ⓖ05 センター北
Center-Kita

センター南
Center-Minami

←北山田
Kita-yamata

市営だからこその堅実さの表れ
でしょうか？

長〜い 地下鉄・ブルーライン

1号線(湘南台〜関内)、3号線(関内〜あざみ野)が直通運転している横浜市営地下鉄ブルーラインは32駅・片道約1時間超の長〜い地下鉄です。といっても ずっと乗っている人は少なく、近場のおでかけに使う地元の人や横浜中心部の移動に使う旅行客が多いみたい。途中、桜木町で降りると鉄道の歴史も感じられます。

スカーフがオシャレ

ステーションアテンダント

新横浜駅・桜木町駅にもいるみたい。

2021年に登場したロープウェイ YOKOHAMA AIR CABIN

汽車道

イギリス製の港三号橋梁

貨物輸送で使われていた横浜臨港線のレール

かわいいサイズ♡

軌間せまい!

JR桜木町駅前には今はなき東急東横線桜木町駅の形跡が......

はずれやすそう...なんで先にこの形を思いついたんだろう...

はずれにくい

今のパンタグラフの原型

ビューゲル

でかっ

集電ポール

横浜市電保存館

1972年に廃止された路面電車・横浜市電の車両などを展示しています。

長さ約4m

本牧一丁目

1601

←子どもたちに一番人気の車両。蛍光灯で明るいからでしょうか...?

ボリュームたっぷり！
まぐろ中おち定食

ブランチ横浜
南部市場

新杉田

乗る理由は人それぞれ！見どころいっぱいシーサイドライン

シーサイドラインの
中で最も高い場所に
ある並木中央駅

並木北〜
並木中央
の車窓は最高！

南部市場

柴ヶ崎公園

国道と
ほぼ同じ
高さ

鳥浜

幸浦　並木中央　並木北

「たれの
自動販売機」
がある！

三井アウトレットパーク
横浜ベイサイド

金沢シーサイドラインは1989年
開業の新交通システムです（私
とほぼ同い年…!?）。自動運転なので
「かぶりつき席」でジェットコースター気分を
味わえます。沿線には「横浜・八景島シー
パラダイス」をはじめとした観光地・アウトレット
パーク・市場・病院など多様な施設がある
ので観光客やビジネスマン・地元の人など
幅広い人に利用されているようです。

自動運転のはずなのに運転士
さんが…!?　研修中？

教官？

腕章！

Seaside Line

「乗務員以外
は立入禁止」
と書かれた
バー

ずっと食べ物の話をするおじさまたち

あすこ
漬物屋
ある
でしょ。ずっと
並んでるの…

うなぎが…

カップルや若い女性率高し

UR

すごい荷物…

1日乗車券 ¥680

夕暮れ時の浄土庭園は神秘的

金沢八景

称名寺

クッぬいでくつろぐサラリーマン

社員証のヒモ

平潟湾がきれいに見えるカーブ

海にはしゃぐカップル

野島公園

海の公園南口

海の公園柴口

野島公園
から富士山とシーサイドラインの2ショットが見れました！

八景島

八景島駅歩道橋
からはシーサイドラインと海・漁船なんかが見れたせて、いい気持ち。

横浜・八景島シーパラダイス

耳つきフード

あれが市大？

産業振興センター

福浦

市大医学部

けっこうゆれる車内でも気にせずお仕事

かぶりつき席は左右1席ずつなのでカップルも離れて座る感じに。

「みんな違って、みんないい」京急線

京急線には、いろんなひとがいます。旅行者、学生、地元のひと。どういうわけだか「こい」ひとが多くて京急に乗ってタイクツしたことがありません。

← 朝1番のエナジードリンク

車内アナウンスに耳を傾け、国際線ターミナルか国内線ターミナルか確認。

あみもの中。

発車する前から、もうパソコン

旅人たち

フリーダムな学生

こい──地元のひとたち

かんたんにはマネできないファッションセンス!

プリンな金髪

オレンジのパーマ

ファンタにストローをさしてちゃうちゃう。

土曜の午後、脚立に三脚な高校生。

撮り鉄…?

スリットながめのタイトスカート

京急カラー?なパンツ

白のパンスト+フクフクレッグウォーマー

ガラガラじゃない!! 観見線

観見線は朝夕の通勤時間以外は乗客ほぼ0の過疎地帯だと聞いていた私。

勝手にこんなイメージで描こうと決めていたのですが、年末だったせいか昼間なのにサラリーマンでいっぱい。挨拶回りでしょうか。

工場や工事現場っぽい格好の人がちらほらいたのは、工場地帯を走る観見線ならでは、かもしれません。

行きの電車
がらがらの車内
私しかいなかった!
帰りの電車
ぎゅうぎゅう

挨拶まわり？なサラリーマン

やたらカレンダー持ったサラリーマン

連れの方も同じ紙袋×3

観見駅にて

同じ紙袋×3

おみやげを手さげに入れようとするひと

その他地元？の方々

最大限気を抜くひと

ときどき観光客

海芝浦に着く直前

パシャ パシャ

ツナギ+すねあて？
ムダにカッコイイな

安全第一

人によるかも？
沿線が工場だらけなのもコーフンする!!!
ハハハ

駅にいる、のんびりしたネコちゃんたちとか

海芝浦駅とか隣が海

ちなみに、観光客としてもかなり楽しい!!と思えた路線でした。オススメ!!

中央線のラッシュなみ

帰りの電車は案の定ぎゅうぎゅう

江ノ電の夏休み

夏といえば……ということで(?)江ノ電に乗ってきました！平日なのにこの混みっぷり。さすがです。夕方になるとおみやげ屋も次々と閉まってしまうのですが、19時をすぎても江ノ電はまだまだ元気でした。

ふみきりをわたりきれない人たちのためにポールを手で持つ駅員さん

やっぱりいるいる。撮ってるひと。

腰越通りで大はしゃぎの兄弟。

「道はしってる！」「車がいる！」「ぶつかんないのかねえ」

このあと海が見えて、そこでも大はしゃぎ。

ご案内
裸、水着でのご利用はご遠慮下さい。改札内は服を着てください。……

わざわざ書いてあるホワイトボード

わりと当たり前なことが

由比ヶ浜から乗ってきた女の子たち

ビキニのあとくっきり♥

終点までぐっすり

ずるずるスカートにナップサック

みんな、足に砂…

夜の江ノ電 ①

48

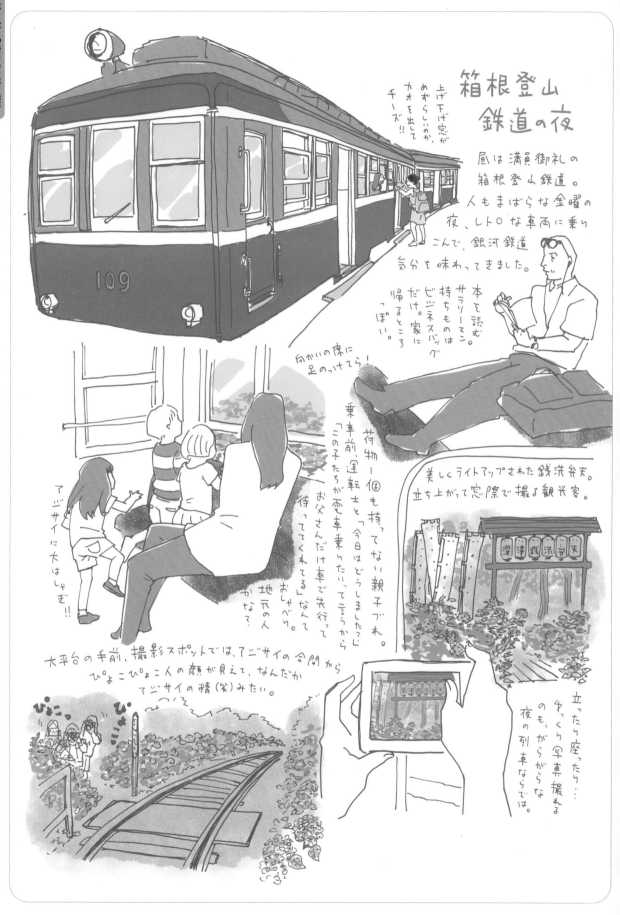

箱根登山鉄道の夜

昼は満員御礼の箱根登山鉄道。人もまばらな金曜の夜、レトロな車両に乗りこんで、銀河鉄道気分を味わってきました。

上げ下げ窓がめずらしいのか、カオを出してチーズ!!

本を読むサラリーマン。持ちものはビジネスバッグだけ。家に帰るところっぽい。

向かいの席に足のっけてら!

アジサイに大はしゃぎ!!

待ってってくれてる」なんておしゃべり。地元の人かな?

荷物一個も持ってない親子づれ。乗車前、運転士と「今日はどうしたの」「この子たちが乗車乗りたいって言うからお父さんだけ車で失行って

美しくライトアップされた銭洗弁天。立ち上がって窓際で撮る観光客。

深 津 銭洗弁天

大平台の手前、撮影スポットでは、アジサイの合間からぴょこぴょこ人の顔が見えて、なんだかアジサイの精(笑)みたい。

ぴょこっ ぴょこ

立ったり座ったり…ゆっくり写真撮れるのも、がらがらな夜の列車ならでは。

制作の様子

ざっくりとしたラフを作成

小さめサイズ（A4）

column
2

車内絵日記が
できるまで②

取材が終わったら制作に入ります。忘れないうちに実際の記事より小さめのサイズでざっくりとしたラフを描くのですが、この紙からあふれるくらい描くことがあったら、編集者さんに提出するラフ・そしてその先の誌面に載せる記事もうまくいくな、と確信します。

スキャンしたスケッチを合わせて

旅先のカフェや電車内で忘れないうちに描きます

しっかりしたラフが完成！

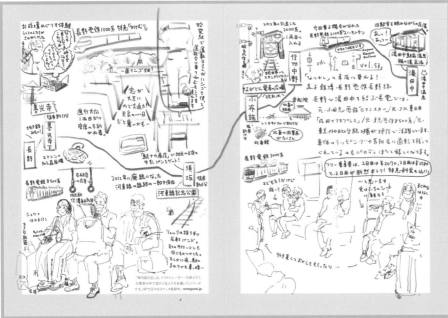

編集者さんにチェックしてもらいます。

東日本エリアを走る鉄道

長野電鉄
P66-67

仙台市地下鉄
南北線・東西線
P52　　　P53

JR常磐線
P56

上信電鉄
P54-55

流鉄流山線
P62-63

千葉都市
モノレール
P60-61

JR久留里線
P57

銚子電鉄
P58-59

JR小海線
P64-65

デジャヴ感ある!?
仙台の南北線・東西線

仙台市地下鉄は、仙台市内を走る南北線・東西線の2路線が、中心地・仙台駅でクロスする形になっています。なじみのある路線名だなあと思っていたら…ラインカラーも東京メトロとよく似てる…。駅ナンバリングのデザインもどことなく既視感が…。駅ではクラシック音楽が流れていて、待ち時間も優雅な気分。さすが「楽都仙台」…!

かぶりつく親子

南北線車内

住みかえのことなら

アナウンス広告

女優ライト?

大学生かな

荒井

地下鉄 土・日・休日一日乗車券
¥620 → 平日は¥840
シンプルすぎるデザイン

地下鉄 土・日・休日一日乗車
大人 620円

ワンマンなので運転士がアナウンス

発車します

レトロな南北線車両

風船の犬をポールに結ぼうとする子ども

おみやげ いっぱい!

BAUM KUCHEN

南北線の座席は不思議な位置にポールがあり7人座れそうで座れない…

ドア窓の形・丸っこくてかわいい♥
東西線も同じような形なので、仙台市営地下鉄のチャームポイントなんですね。

東西線車内
沿線の大学の封筒

青葉通一番町で全員下車。教職員さんの飲み会かな?

手すりくぐってる

お母さんとイチャイチャ

泉中央

南北線

ユアテックスタジアム仙台

東西線

国際センター

巨大なこけし

西公園

SL(C60形1号機)

仙台城跡

地上を走る東西線が見える

仙台

青葉山

八木山動物公園

八木山動物公園駅5Fにある「てっぺんひろば」

136.4m(軌条面)日本一標高の高い地下鉄駅

イチャイチャ!

イチャイチャ!

夕焼けをながめました…

地底の森ミュージアム

仙台市電保存館

1926〜1976年まで仙台市を走っていた路面電車。仙台市電の車両3体を展示。

2万年前の氷河期の森を復元した庭を歩ける。

長町南

トロリーポール

1号車
創業以来40年間使われた木造車両

仙台市のロゴの変遷も分かります。

現在も市内のマンホールなど色んなところで使われています

富沢

車両基地もあるんだし

ここまで延伸してくれればいいのに…

徒歩約13分

週末ゆったり旅におすすめ！上信電鉄

おトク！

高崎→上州富岡までの往復きっぷと富岡製糸場見学料がセットになったきっぷ。

往路復路で1回ずつ途中下車ができるのも嬉しい！

世界遺産 富岡製糸場へ行ける鉄道として知られる上信電鉄。

製糸場だけでなく、サファリパークや豊かな自然を活かしたジオパーク、インパクト大なラッピング車両などなど見どころいっぱい！観光客が少なめなので、リフレッシュにもぴったりなんです。

上信線のりば
0

高崎駅で上信線は0番線。「隠されたホーム」みたいでかっこいい！
JR駅と比べてこじんまりしてるのも「旅の始まり」を感じさせてくれます。

たかさき

高崎→

佐野のわたし

2015年にできたばっかり！ピカピカな駅

名前が面白いなぁ、と思って降りてみた駅。駅の入場門を見ても分かるように、わたしは「私」ではなく、烏川にかってあった「渡し」船からとったそうです。

風情ある木の橋から、鉄橋を渡る電車をいい感じに見れます。

大学前駅で乗ってきた学生さん。ぶ厚い本で勉強中。

富岡製糸場の写真集をながめるお父さん。製糸場からの帰りかな？

親子でイヤホン男の子はなぜかしぶいカオ

近所に行くところと思われる。ケータイだけ。

持ちものは長財布＋整理券＋ケータイだけ。

←黒パーカーかぶり→

全身まっ黒

ラッピング車両いろいろ…

群馬サファリパークラッピング

富岡製糸場ラッピング

祝 富岡製糸場 世界遺産登録

↑子どもが「行こーよ!」って言いそう

富岡製糸場

昔、ものすごく混んでるという話を聞いたので警戒していたのですが、今はそれほどでもなく、ボランティアガイドさんも丁寧に説明してくれるので、勉強になります。

駅→製糸場まで行ける電動バスもある!

群馬サファリパーク

動物が近くで見れるので大興奮!駅からバスなどが出ていないのでタクシー(片道¥2000〜)を使わないといけないのが玉にキズ。

エサやりバス

ガオゥ…

ビクビクしながらライオンにエサやり

ひえー…

ダチョウのカルパッチョ

ダチョウの串焼き

レストランではちょっとかわったメニューも♡

ワニの唐揚げ

上州富岡

下仁田

今回、下仁田ジオパークには残念ながら行けず…

下仁田ジオパーク

下仁田ジオパークラッピング

下仁田ジオパーク

無人駅では運転手さんが出てきてキップをチェック

皆ここによっかかる

ちなみに上信電鉄名物の電気機関車「デキ」は、現在GWなどに運行しているそうです。来年は乗ってみたい!!

久留里線 ふたつのカオ

久留里線に乗ってきました。「乗客が少なすぎる」とTwitterで話題になっていたこともあったので、私しが乗っていなかったらどうしよう、と心配していたのですが杞憂でした。特に夕方！久留里城まで歩いてヘトヘトだったので（坂だらけ、こーギッツイ）のんびり座って帰ろうと思ってたのに…。

のどかだなぁ…昼間の久留里線

身をのりだして景色を見るひと

たしかにススキとセイタカアワダチソウがいっぱいでとってもきれい

帽子新しく買ったの？

途中から乗ってきたおばあさんとおしゃべり。

既に冬なファッション

カサも買ったばっかり

さっきも前を通ったおばあさんに「お帰りなさい」と声をかけていた。

こっそり？お弁当

20分以上かけて色んなお惣菜を食べていた。

一応かくしているらしい。

集中スペース

こっちにもしゃがむ女の子↓

ほぼスクールバス！夕方の久留里線

あいてるけど座りづらい…

ごく自然にあぐらかいてたので、いつもこんな感じなのかもしれない…

初日の出は銚子電鉄で！

いつもテキトーに過ごしてきたお正月。今年はきっちり初日の出を拝んですてきな一年にしたいと一念発起。平地では初日の出を一番早く拝めることで知られる犬吠へ行ってきました！

成田 → 銚子 → 犬吠
　成田線　銚子電鉄

銚子駅に到着すると、既にホームは人でぎっしり！誰か落ちるんでは…と心配したほどでした。当然電車内もぎゅうぎゅう。乗れなかった人もいたみたい。ここまで来たのにかわいそう…。

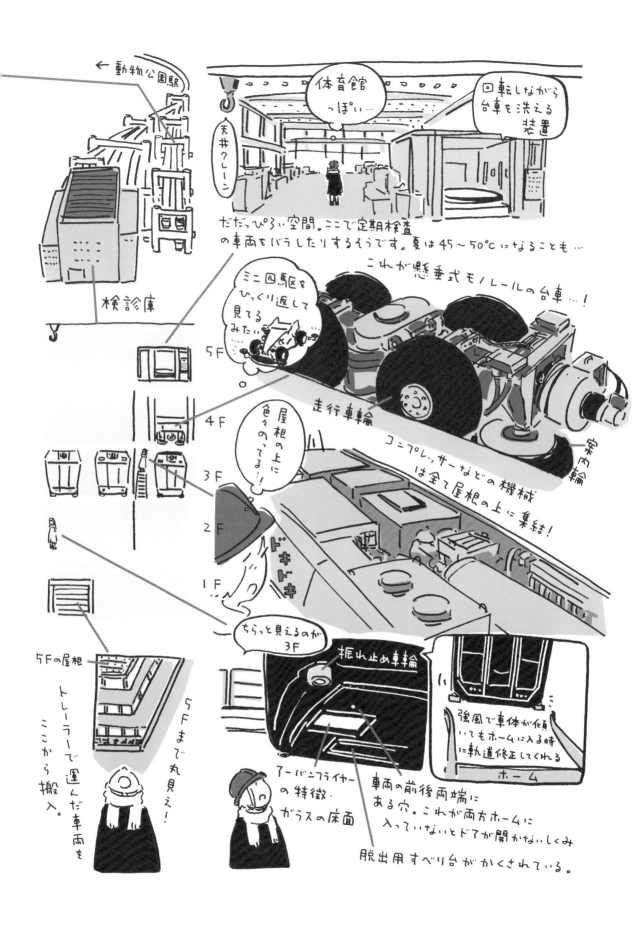

立体的！千葉モノレール車両基地

日頃お世話になっているコワーキングスペースさんのご縁で、2019年12月末に千葉都市モノレールの車両基地を見学させていただきました！タテ方向のスペースを活かした車両基地なのがモノレールならでは！でとても新鮮でした。走行中には絶対見えない屋根の上や車輪を見せていただけたのも、貴重な体験でした。なるほど。こうやって走っていたのね…！

近藤勇陣屋跡

流山キッコーマンの工場
昭和40年代まで白みりんや材料の運搬に使われました。

現在は市道
貨物引込線（万上線）跡

流山駅1番線ホームではちょうど鉄道イベントが行われていました。

ガタンゴトン……

流山

平和台

いいな…

ただ今の呼内車2番線折り返し運転をさせていただきます。

元・西武新101系

鰭ヶ崎

一茶双樹記念館
お庭を見ながら一休み。

風がきもちいい…！

労働法の本にケシゴムかけ続けるおじさま

トイレットペーパー

リサイクルロール　リサイクルロール

子どもには高いかぶりつき窓

夕方の電車内

あおいであげてるとパタパタ

さっき見かけた時はお子さんめっちゃはしゃいでたような…？

がっしり支えるお父さん

完全に脱力…

ビーサン

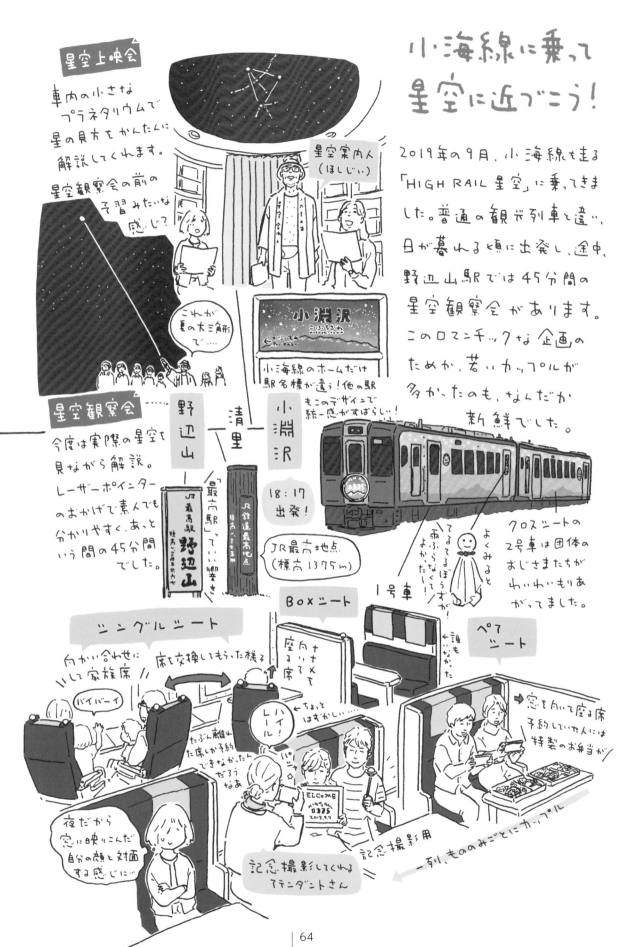

昔ながらの改札

22:00
わずかに
残った野菜を
ながめるおばさまたち

遊んできた帰りか、
誰かを待っているのか?

駅の構内に
野菜売り場

なす
レタス
100円

ここで一気に
降りて車内は
3組だけに…。
みんな新幹線
乗って帰るのかな?

駅員さんが2人
横断幕を持ってお見送り
してくれました。

ようこそ信州小海線へ
Welcome to Nagano!
HIGH RAIL 1375

くるっとまわって
「またお越しくださ〜い!」
というメッセージに。
ほっこりしました。

停車時間があったので
構内の自販機が
あったか〜いお茶を購入。
体が冷えてたので助かりました

かわいい駅舎!

小諸城址懐古園

小諸 — 佐久平 — 岩村田 — 中込 — 臼田 — 八千穂 — 小海 — 信濃川上

21:39到着
かつて小海線を
走っていたという
SLが見られる

翌朝、帰りに乗った小海線

整理券と
運賃箱が

ローカル線っぽい!

美人さんだね
いい子だね
向かいの首輪犬に話しかけるおばさま

プリントアウトした
路線図で時刻表を
見比べて旅の計画
を練るおばさま
2人組

詳しいらしい

任せてるみたい

サ・テツという
感じの親子。
そろってチェックシャツ

向かいの
座席に足を
のっける
おばさま

← こっちはロングシート

2人がけのクロスシートってめずらしい

腕木式信号機

2012年に引退した2000系。1両目に入れる。

枕木歩いてスタンド・バイ・ミー気分

ムフフ

信州中野

ながでん電車の広場
（改札内）

今回乗る機会がなかった長野電鉄2100系「スノーモンキー」

N'EX?NERです

Nagano Electric Railway

旧駅舎を眺めながらの足湯

あっっ！
あっフー。

湯田中駅前温泉
楓の湯足湯

湯田中

湯田中温泉

小布施

岩松院

北斎の天井画

北斎の肉筆画がたくさん

北斎館

レンタサイクルで約15分

徒歩約10分

「なつかし」の車両に乗れる！
走る鉄博・
長野電鉄長野線

長野〜湯田中を結ぶ長電では、元・小田急電鉄「ロマンスカー」/元・JR東日本「成田エクスプレス」/元・東急電鉄8500系/元・東京メトロ日比谷線03系が現役で活躍しています。車体のラッピングや系列名に面影を残してくれているのもパロディぽくて嬉しくなります。

長野電鉄3000系

長電フリー乗車券（2日用）

フリー乗車券は、1日用は¥2070、2日用は¥2580と、2日用が断然おトク！特急料金も込(!)

子どもたちだけで旅…？

…と思いきや実はこっちのシートに親たち

まじめなはなし中

行き来しておかしをもらったり…

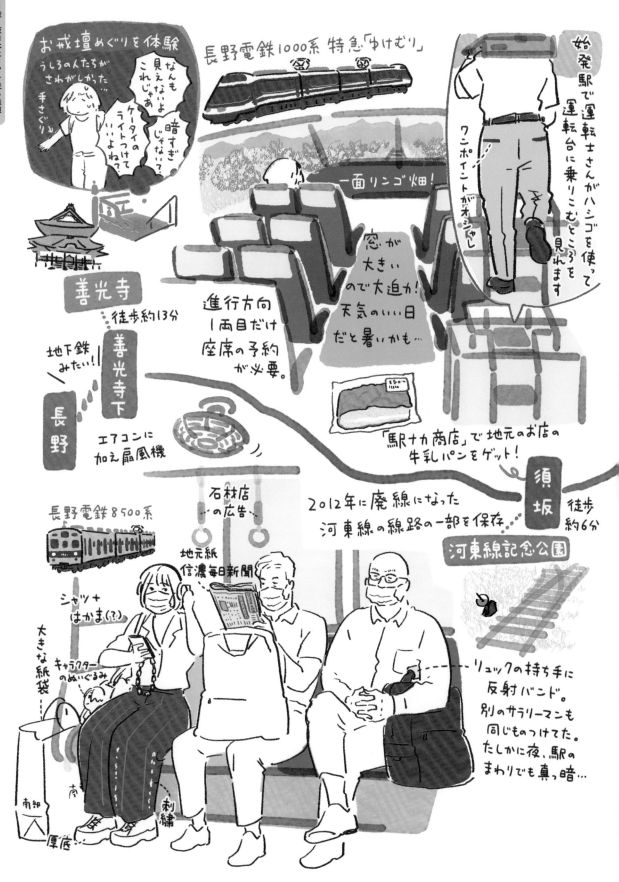

お戒壇めぐりを体験

うしろの人たちがさみしかった… 手さぐり

なんも見えないよこれじゃあ…

暗すぎじゃない？

ケータイのライトつけていいよね？

善光寺

長野電鉄1000系 特急「ゆけむり」

始発駅で運転士さんがハシゴを使って運転台に乗りこむところを見れます

ワンポイントがオシャレ

一面リンゴ畑！

窓が大きいので大迫力！天気のいい日だと暑いかも…

進行方向1両目だけ座席の予約が必要。

徒歩約13分

地下鉄みたい！

善光寺下

長野

エアコンに加え扇風機

「駅ナカ商店」で地元のお店の牛乳パンをゲット！

須坂

徒歩約6分

河東線記念公園

長野電鉄8500系

石材店の広告

地元紙 信濃毎日新聞

2012年に廃線になった河東線の線路の一部を保存

シャツ＋はかま（？？）

大きな紙袋

キャラクターのぬいぐるみ

南部

厚底

刺繍

リュックの持ち手に反射バンド。別のサラリーマンも同じものつけてた。たしかに夜、駅のまわりでも真っ暗…

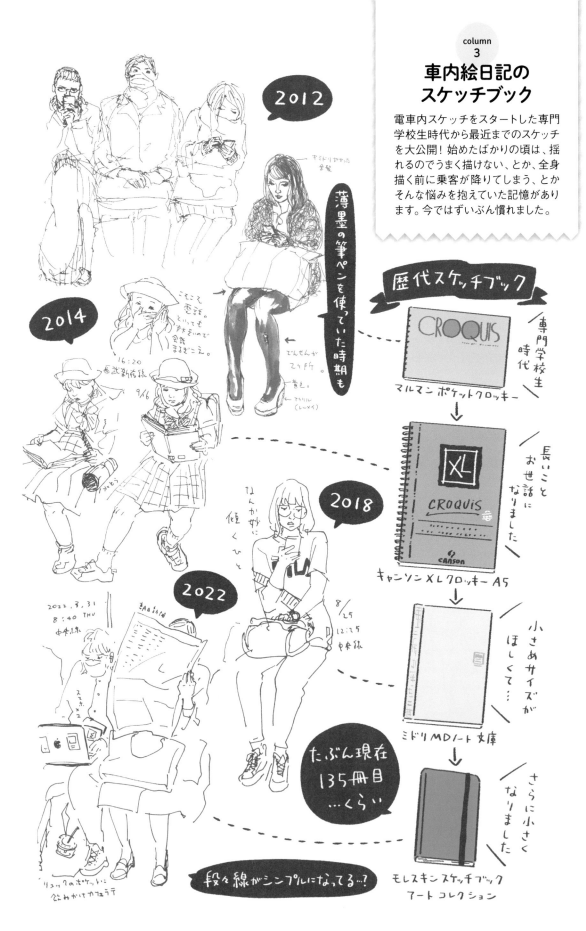

車内絵日記の
スケッチブック

電車内スケッチをスタートした専門学校生時代から最近までのスケッチを大公開! 始めたばかりの頃は、揺れるのでうまく描けない、とか、全身描く前に乗客が降りてしまう、とかそんな悩みを抱えていた記憶があります。今ではずいぶん慣れました。

2012

薄墨の筆ペンを使っていた時期も

2014

2018

2022

たぶん現在
135冊目
…くらい

段々線がシンプルになってる…?

歴代スケッチブック

CROQUIS

専門学校生時代

マルマン ポケットクロッキー

XL CROQUIS

長いことお世話になりました

キャンソンXLクロッキー A5

小さめサイズがほしくて…

ミドリMDノート 文庫

さらに小さくなりました

モレスキンスケッチブック
アートコレクション

東海北陸エリアを走る鉄道

黒部峡谷鉄道

P72-73

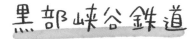

富山地方鉄道
市内線

P76-77

富山地方鉄道

本線 / 立山線 / 不二越・上滝線

P74-75

伊豆急行

P70-71

養老鉄道

樽見鉄道

P78-79

※「伊豆満喫フリーきっぷ」は、発売が終了となっています

足湯も！海も！よくばりたいなら伊豆急行

ゴールデンウィークは温泉につかりたい！観光列車に乗りたい！海も見たい！…というわけで伊豆急行に乗ってきました。5つの駅に足湯があるので、旅の途中で疲れても大丈夫！タオルをお忘れなく。

遊び心がつまったリゾート21「キンメ電車」なんと、普通乗車券だけで乗れます！

車体のどこかにChu💋キスするキンメダイがいるよ！

Resort21

Izukyu KINMET ia

展望室の様子

先頭車両にある展望室は、座席が映画館のように階段状になっているため、どの座席に座っても前面展望を楽しめる。

すごーいキレーイ！！

海側の床に座れたら旅も2倍楽しいハズ！

いいわーここ

はじめ山側に座っていた女子2人組。「あっち座ればよかった〜！」と残念がる2人を見かねておじさんが席を交代してあげました。や、さしい！

ここ秋埃駅だよ

鉄っ男子3人組

海が目の前に見えるシートも。車両ごとに座席の並び方や色、テーマが違うので、乗るたび楽しめそう！

あ、残念！トンネルに入っちゃった

乗務員室との間に仕切りが無いので運転士の指差喚呼が聞こえるのも嬉しい。

キンメダイがいっぱいなシートのどこかに目がハート💛のキンメダイがいるんだとか。残念ながら見つけられず…

海が見えるたび歓声が上がるのが観光列車っぽい！

黒部峡谷 トロッコ電車で座ったまんま秘境へ！

秘境に行ってみたい…！でも暑いし体力ないからキツいのはやだし…と思っている、そんな人に黒部峡谷トロッコ電車はぴったり！です。宇奈月〜欅平までただ座ってるだけで、さわやかな風で涼みながら、巨大ダムや渓谷を存分に眺めることができます。元々ダム建設の資材運搬用に作られ、現在も電力会社の関係者しか降りられない駅が多いのも「トロッコ」っぽくてドキドキします！

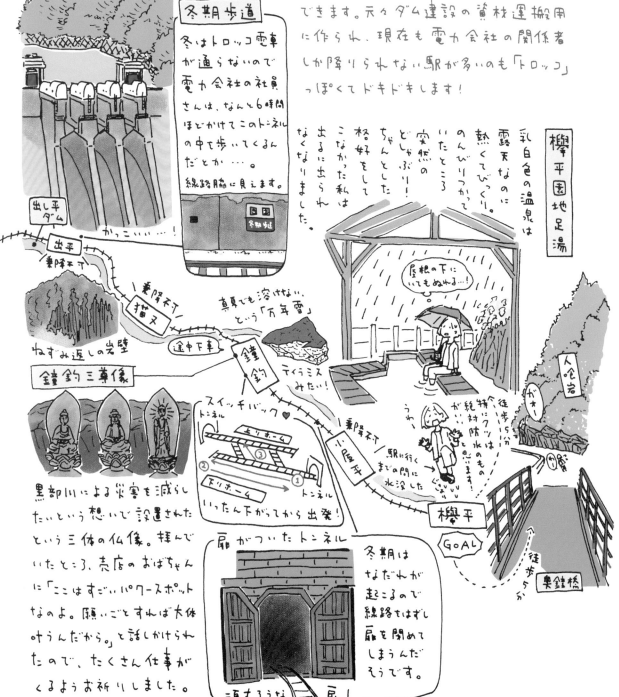

冬期歩道
冬はトロッコ電車が通らないので電力会社の社員さんは、なんと6時間ほどかけてこのトンネルの中で歩いてくるんだとか…。線路脇に見えます。

出し平ダム かっこいい…！

出平 乗降不可

乗降不可 猫又

ねずみ返しの岩壁

真夏でも溶けない、という「万年雪」
途中下車
ティラミスみたい！

鐘釣

鐘釣三尊像
黒部川による災害を減らしたいという想いで設置されたという三体の仏像。拝んでいたところ、売店のおばちゃんに「ここはすごいパワースポットなのよ。願いごとすれば大体叶うんだから。」と話しかけられたので、たくさん仕事がくるようお祈りしました。

スイッチバック♡
トンネル
上りホーム ③
② ①
下りホーム
トンネル
いったん下がってから出発！

扉がついたトンネル
冬期はなだれが起こるので線路をはずし扉を閉めてしまうんだそうです。
頑丈そうな扉！

乗降不可 小屋平

駅に行くまでの門に水没した
うっ
特にクツは絶対防水のものがいいと思います
往歩15分

欅平
GOAL

欅平園地足湯
乳白色の温泉は露天なのに熱くてびっくり。のんびりつかっていたところ突然のどしゃぶり！ちゃんとした格好をしたこなかった私は外に出られなくなりました。

屋根の下にいてもぬれる…！

人食岩 ガオー

奥鐘橋 往歩5分

ち、ちゃくて かわ……！ おもちゃみたい!!

スタッフさんが手をふって お見送りしてくれます。

普通客車

リラックス客車

出発！

新山彦橋

宇奈月

当日券を買うのにえらい並べました…。ネットで予約してくると安心かも！

乗降不可

柳橋

古城のようなデザインの新柳河原発電所。気分は一気にドイツ♪

乗降不可

森石

黒薙

乗降不可

笹平

後曳橋

売店で購入した「黒部のそのまま天然水」。終点まで長いので手元にあると安心。

猿のつり橋

サル用なので手すりなし。運がよければサルがわたるところを見れるそうです。

谷が深くて後ずさりする人がいることからこの名前になった…という橋の上を通ります。当然みなさん下を見てました。

行きの電車内

普通客車

同じ手ぬぐいを巻いた 男子4人組

ふざけるカップル

やーめーてー！！

ドーン

意外とすずしい……

一列2～3人がけ

リラックス客車

はじめ宇奈月駅に停車していた時はめちゃくちゃ暑かったのですが、走り始めたらあっという間に涼しくなりました。トンネルの中はちょっと肌寒いくらいなので、羽織れるものがあった方がいいかも。

帰りの電車内

窓あけれる

タオルかぶって寝るひとたち。雨でぬれちゃったのかな？

1人がけ

2人がけ

リラックス客車

帰りはリラックス客車しかない編成だったため、＋530円を支払いリラックス客車に。背もたれがついてるからか突然の雨で疲れてしまったのか…寝ている人が多かったです。

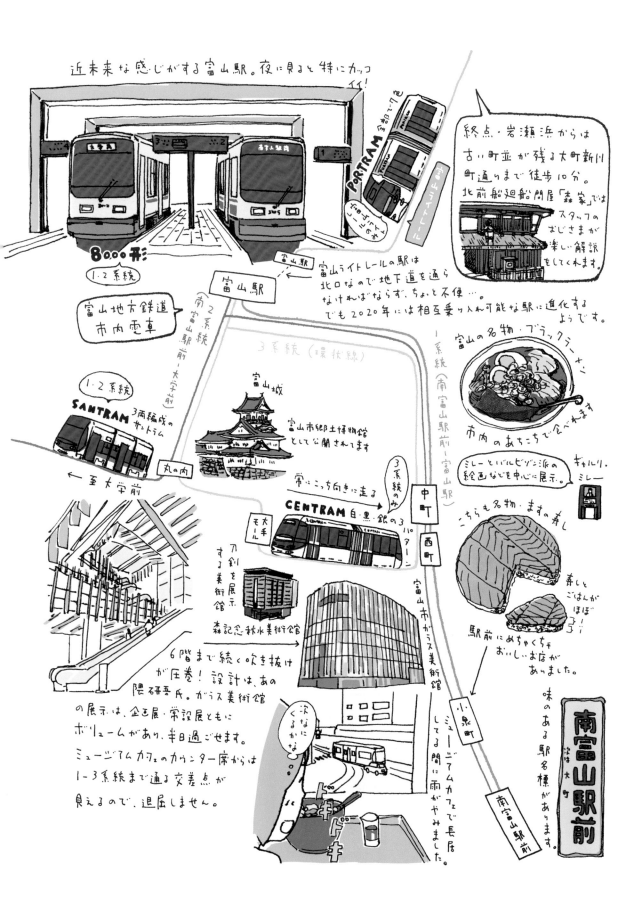

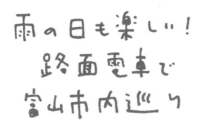

雨の日も楽しい！路面電車で富山市内巡り

富山へ遊びに行ったところ
あいにくの大雨…。そんな日
でも1日フリーきっぷを買えば
路面電車の乗り比べ＆美術館・
博物館めぐりが楽しめます！

1・2系統 7000形

1957年〜1965年
にかけて造られた
古株の車両。
まんまるなひとつ目
がキュート！

やさしいクリーム色

ゴドゴド
ゴドド
がんばってる感じが愛おしい。

どっちも好きかも！

富山地方鉄道
市内電車(1〜3系統)
＋富山ライトレール
の全線が乗り放題
¥820

1日フリーきっぷ
FREE PASS

市内のニュース
や観光情報
などを教えて
くれる液晶
モニター

こっちはアナログ

次とまります

大雨のせいか
傘が折れて
たためなく
なってしまった
ご様子。
あきらめて
スムージーを
かっこよく？
飲み
はじめました。

車体にロゴが入り
クールな印象に！

CHITETSU
7022
西富山駅前

CHITETSU TRAM

レトロ電車

1・2系統

2014年にドーンデザイン
研究所の水戸岡鋭治氏が
7000形をリニューアル！レトロ
でありながら新しさも感じ
させる不思議な空間に
なっています。
ネット上には
土日の時刻表
しかありません
が平日も走って
いるようです。

とまります

つり革の
持ち手も
木製

昔使われていたという照明。
ふんわりした明かりで
車両をやさしく照らしてくれます。

地元の人たちに
とっても珍しいみたい

かわった電車に
乗れたわねえ

ねえ

机ついて
飲んだ〜

あはは

かわった
降車ボタン
の押し方

クッションの柄は
どれもかわいい！

※「市内電車・バス1日ふりー
きっぷ」は、2023年2月
現在 650円です

富山地鉄のレトロ車両で大自然へGO!

富山地方鉄道本線・立山線・不二越・上滝線では西武鉄道の初代レッドアローや京阪電鉄のテレビカー、昭和55年にローレル賞を受賞した14760形など、ステキな車両がいっぱい！沿線の景色も雄大で、リフレッシュできることまちがいナシ!!

隣をずっと並走している元JRのあいの風とやま鉄道。
本数少ないのか列車をほとんど見かけませんでした。

滑川

突如出現する新幹線の駅。目の前には畑があり、おじーちゃんが農作業していたりして、不思議な風景。

黒部宇奈月温泉

のどか〜

改札内外どちらからもアクセスできる足湯

黒部峡谷鉄道

ビビー！

絶景！

立山線のハイライトです！

鉄橋を渡る時車内アナウンスで教えてくれました。

車内アナウンス

有峰口

立山

宇奈月温泉

砂防ダムがキレイ！

立山アルペンルート

¥2500

期間限定の硬券ver.
1日フリー乗車券をGET！
なんと特急料金込。

ちっちゃい机に「センヌキ」がついてるっていうのがなんか時代を感じる

センヌキ

カーテンっていいよね〜

初代レッドアローとして活躍した元西武鉄道5000形

16012

ドアの閉まり方が美しい…

スルッ

主に特急列車として運用してるとのことでしたが普通列車として何度か見ました

ついさっきまで走りまわっていたレッドアローを撮りまくってた少年。電車が出発したらすすすすすすす…。

※「鉄道線・市内電車1日フリーきっぷ」は、2023年2月現在¥2600（夏）、¥2100（冬）です

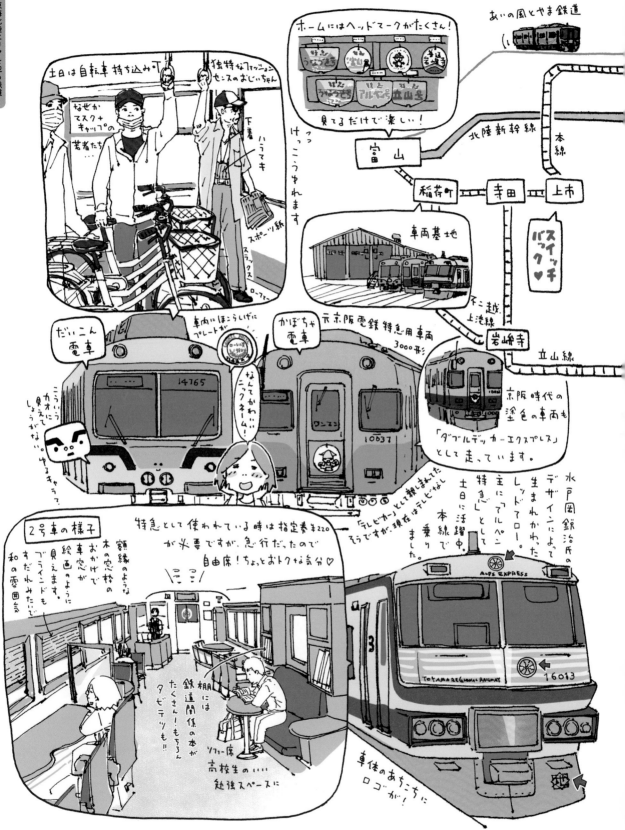

あいの風とやま鉄道

ホームにはヘッドマークがたくさん！

特急うなづき　特急立山　特急　特急立山号
特急うなづき　特急　アルペン立山号

見てるだけで楽しい！

北陸新幹線　本線

富山

稲荷町　寺田　上市

スイッチバック♡

車両基地

不二越・上滝線

岩峅寺

立山線

土日は自転車持ち込み可

独特なファッションセンスのおじいちゃん

なぜかマスク＋キャップの若者たち

下着がみえてキ

けっこうゆれます

スポーツ紙

スラックス

ローファー

だいこん電車

14765

こういうカオに見えてしょうがない。ゆるキャラっぽ。

車両にほこらしげにプレートが

ローカル線賞980回

なんてかわいいニックネーム！

かぼちゃ電車

元京阪電鉄特急用車両3000形

ワンマン

10037

なんでかわいいニックネーム！

京阪時代の塗色の車両も「ダブルデッカーエクスプレス」として走っています。

テレビカーとして親しまれたそうですが、現在はテレビなし

水戸岡鋭治氏のデザインによって生まれかわったレッドアロー。主に「アルペン特急」として土日に活躍中。本線で乗りました。

特急として使われている時は指定券220円が必要ですが、急行だったので自由席！ちょっとおトクな気分♡

2号車の様子

額縁のような本の窓枠のおかげで車窓が絵画のように見えます。ブラインドもすだれみたいで和の雰囲気

棚には鉄道関係の本がたくさん！もちろんタビテツも!!

ソファー席高校生の……勉強スペースに

ALPS EXPRESS

TOYAMA REGIONAL RAILWAY　16013

車体のあちこちにロゴが！

養老鉄道&樽見鉄道
よくばり旅

1両編成！
カラフルな
電車

大垣駅を通る2つの
ローカル線・養老鉄道
と樽見鉄道。両方とも
楽しめて、さらにお寺めぐり
までできる『養鉄樽鉄
谷汲山ミニ周遊券』で
丸1日遊んできました！

ホームの端
の方は雑草
が生えてる
谷汲口駅。
ローカル線の
駅という感じ。

名所案内

⑤谷汲口

畑の真ん中を走ってます

気持ちいいくらいまっすぐな
道が多い樽見鉄道。
おかげであまり中れません。

根尾川

1日国鉄時代に使われていた周遊券をイメージした
デザインだそうです。

谷汲山
週周遊券
No.1111

谷汲山
周遊券
No.1111

大垣 → 谷汲山自由周遊区内

養老鉄道でも見かけた
子どもたちに再会！
同じ周遊券使って
旅してたんだろうな。

ちょうちんがついた
お墓も度々
見ました。
岐阜では
よく見られる
風景の
ようです。

⑥樽見鉄道

ぐっすりな
女子2人組。
終点に到着
しても起き
ませんでした

車窓からは度々
川が見えます。

なが——い座席。

ここだけぼこっと柱が
でてるのが面白い。

①養老鉄道

⭐START

大垣

🌑GOAL

※「養鉄樽鉄谷汲山ミニ周遊券」は、発売が終了となっています

78

200年前に即身成仏した妙心法師の舎利仏が見られます。舎利堂の向かいには宝物殿があり、たくさんの仏像が見られます。

ひえぇ

美しいお顔の大日如来さま

③谷汲山 華厳寺

参道

④両界山 横蔵寺

バス

ここから先はバスに乗りかえ。それには運転手さんにOKを。

②バス

ここから庭園を見せますが運転手さんに

揖斐

参道にはお店がズラリ。おいしい鮎料理が食べられるよ！

西国三十三所の終着点となるお寺。

本堂の柱にある鯉を触ると、精進を落として俗世に戻れるんだそうです。

みんなさわってる！

御札を納める満願堂の近くには、タヌキの石像がたくさん。絶妙にかわいくない……！

谷汲

ドキドキ

真っ暗！ドキドキの戒壇めぐり

戒壇めぐり 入口

真っ暗な中を手探りで進み錠前に触れる…らしいのですが真っ暗すぎてほんとに何も見えなかったので、ちゃんと触れたのか謎です…。

①養老鉄道

揺れる電車にはしゃぐ子どもたち

きゃあ

キャ

ドドド

かわいらしい赤い電車

運賃箱の奥に座席があるのも面白い…！

運賃箱がお気に入り

自転車持ち込み可

特製

601

① クロスシートは描きづらい

この距離だと近すぎてさすがに描けない

そもそも見える範囲が少ない

column
4

車内絵日記あるある

共感できる人は少ないかもしれませんが…電車内スケッチのあるあるです。⑤は、本当にしょっちゅうやっています。こんな時は、今自分が一番「面白い」ことになってる…！って客観的に思ったりします。なんでペンのキャップってすぐ行方不明になるんでしょうか…？ 大体、後になってリュックのどこかで見つかります。

② 揺れる車内も描きづらい

ガクガク

…酔うわ…

ブレブレ

③ 隣の人に気付かれることがある。

パターン1 まじまじと手元を見る人

ジー

やや高めな位置から

パターン2 前の人と見比べて「あー！」となる人

！

パターン3 話しかけてくれる人

上手ねー

④ 同じようにスケッチしている人に気付くことがある。

アートバッグの陰で描いてるな…

モゾモゾ

⑤ 集中しすぎると降りそびれそうになる。

…駅ー

ペンのフタどこ？？

ガサゴソ

80

第 6 章

西日本エリアを走る鉄道

京福電鉄（嵐電）
P92

叡山電鉄
P82-83

福岡市地下鉄空港線

JR筑肥線 P93

高松琴平電鉄
志度線
P86-87

熊本電鉄

P94

とさでん交通
P90-91

高松琴平電鉄
琴平線
P84-85

高松琴平電鉄
長尾線
P88-89

※叡山電車1日乗車券「えぇきっぷ」は、2023年2月現在1200円です

ここまで窓！！

電車が停車するやいなやホームに降りて走る車掌さん。降りるお客さんの切符をチェック！

タッタッ

超走ってる！

が先でね撃

自動改札ないと大変だな

グループ向け！4人で座れるボックス席

観光客でいっぱい！

おひとり様にもやさしい席

窓が大きいので どこにいても大迫力の景色が楽しめます。

EIDEN 902

1番人気！2人がけの窓側向きの席

きらら車内

地元の人率高め・早朝の 800系

ちょうど2人の上にハートの吊り革

歩きながら水を飲めるハイドレーション

手ぬぐい

「鞍馬の雲珠桜をイメージしたピンク」がキュート！

えいでん 852

よく見ると女モノのサンダルをはいてるおじさま

本格的に鞍馬山を歩くのかな？

日曜の朝なのに勉強する高校生2人。エライ…！

奥さまのをつっかけてちょっとそこまで…って感じ？

ことでんに乗って
大正時代へ
タイムスリップ！

車両展示

まるでアイドルの撮影会…！

ヘッドマークをこまめにきせかえ その度に♡シャッターを切る音が。

働いてますか？

高松琴平電気鉄道のGWイベント「レトロ電車の車両展示・特別運行」へ行ってきました！大正生まれの電車に乗れる…となるとさぞ混むんだろう…と思っていましたが、乗る人よりも外から撮る人の方が多いようで、ゆったりとレトロ電車の旅を楽しむことができました！

折りたたみの踏み台を持ってきている人たちも

取材だと見抜かれたのかと思い、ドッキリしました。レトロ電車の中で説明会をする会社の案内らしく。その案内を配っていたようです。なんて斬新な 新新な？ 人の集め方…！

曲線を生かした装飾的なデザインがレトロ！

行きの電車内 仏生山 琴電琴平

すごい音を立てる扇風機

とにかくゆれます。

のどかな風景にひそむ撮りテツたち

動画を撮りつづけるひと

窓が大きく開いているので意外とすずしい。気分はトロッコ！

23号

一番人気でした！

ヌイグルミのお友達と一緒に乗車。

ひたすらメモ。もしかして取材中…？

2021年引退予定…

大正15年生まれ
300号

大正15年生まれ
120号

2020年引退予定…

大正14年生まれ
23号

昭和3年生まれ
500号

シンプルでモダンな車内

列車の待ち合わせのタイミングで
車両を移動したり撮影したり…
みんな大忙し!

気付くと交換されてる
ヘッドマーク! サービス
精神旺盛!!

帰りの電車内　琴電琴平
仏生山

行きの電車内に
比べると、
ひととおり撮り
終わったのか、
車両移動する
人や撮影は
控えめで、落ち
ついた車内でした。

300号

?

途中で乗ってきた地元のおばさま。

くつろぎすぎ
なひと。

大切にしますとある
クリアケースに
「新元号記念2days
フリーきっぷ」

丸い窓が
キュート!

みかんを食べはじめた
海外からの
観光客さん。

いつもとは違う
車内に
怪訝なカオ。

建物が低いからか、空が近く感じます。

疲れたらココで一休み!

仏生山温泉

レトロ電車を満喫
したあとは、徒歩15分
くらいのところにある
仏生山温泉へ。
うっかりタオルを忘れ
てしまったのですが、
ロゴ入りの
タオルを
買えたので、
記念になりました!

うろおぼえ
だけど、たしか
こんな感じ

色んな温度の湯舟があるので半永久的にいられそう…

やや
ぬるめ

熱い!
浅い湯舟
(半身浴用)

脱衣所

すごい
解放感…

中庭

内ブロ
熱い!
そして広い!!

ぬる〜い
長居する人
多し

水ブロ

仏生山温泉

みんな大好き！
ことでんの赤い電車

出発前、高松築港駅で
琴平線を走る「都心へビュン。
京急!」のラッピング車両
と並んでくれました。

クラウドファンディングで
実現！京急初代1000形
リバイバルラッピング

昨年行われた高松琴平電気
鉄道のGWイベント「還暦の赤い
電車特別運行」のルポです。
その時撮った写真やスケッチを
見返してみて、鉄道ファンにも
地元の人にも愛されてるイベント
なんだな、と改めて感じました。
来年は行きたいなぁ…！

7:43   8:24

高松築港→長尾

イベント列車ならではの
アナウンス

窓から身を
乗りだしての
撮影はキケン
ですので、おやめ
ください。

今走ってるのは長尾線なのに
電車内の路線図は琴平線。しかも
電車の色は赤で、ちょっとまぎらわしい…かも？

←クラウドファンディング出資者
の名前が書かれた
窓上ポスター

夫婦であちこち撮影

きたながぐち
N09

テニスラケットを持った
部活帰りかな？って
思ったら少年。

わずかな
停車時間
を利用して
ホームで撮影
→ダッシュで戻って
くるツワモノも。

座席に置きっぱなし
にされたカバンと
時刻表。持ち主は
前の方で
撮影中。

ジュッ

8:30　9:06

長尾→瓦町

世間話する
地元のおばちゃん
2人組

エプロン？

帰んないって…。

子どもだけが地元。
またでたぶん！

知らずに途中から乗ってきたらしい、地元の親子

今日こんでるねぇ！
カラーレンズのサングラス

今時珍しい
角刈り
ラーメン
首もとにチェーン

行きの電車から乗っていた父子。

帰りの電車では撮った写真のチェック。

出発ギリギリまで長尾駅で電車撮影。

ムートンブーツ
暑くない…？

つっかけ

この車両も元京急！

その後普通の車両で

高松築港→元山

まで乗ってみたときの車内。

途中、井戸駅にちいさな駅員さんがいて、指差喚呼や敬礼をしていました

ジャージの高校生

ハデなチュニックのおばさま

ジャージ

向かいの電車の車掌さんも思わず二度見

ボストンバッグ？

たまたまだと思うけど水色のパンツかぶり

さっきまでの車内と比べると、すごくくつろいだ感じ。

房前公園

丘の上から海とことでんが見えます

もしもーし
どういう仕組み？
もしもーし

石の電話
彫刻がズラリ
ひろびろ遊べる芝生

引退した車両が展示されています。中で子どもが運転士さんゴッコしてました。

道の駅 源平の里むれ
徒歩4分

かわいらしい色合いの木の駅舎

見どころいっぱい！
ことでん志度線

ピンクのラインカラーがかわいい志度線は、片道34分のちょっとしたローカル線。沿線には四国八十八ヶ所の霊場や、歩いていける道の駅、そして志度ゆかりの発明家・平賀源内の記念館なんかもあり、小旅行にぴったり。車窓からは川や海、併走するJRが見え、楽しい旅路でした。

八栗新道　塩屋　房前　原　琴電志度

国道11号
JR高徳線と併走

徒歩3分

徒歩7分

平賀源内記念館
エレキテルが見れます

平賀源内旧邸

薬草園

倉庫をDIYでリノベしたそうです。

焙煎元和樂

オシャレな自家焙煎コーヒー屋さん。店内には、ことでんの座席やドアがあり、コーヒーとテツ好きにはたまらない空間。

電気つけると光るよ

ドリップバッグは種類豊富で手土産にぴったり！

ことでんのドアが なんとトイレのドアに…！

店内にはことでんの座席が

琴電志度→瓦町

自由に持って帰っていいクーポンなのでところどころついていないつり革も。

つり革についた紙の広告を手に取るひと

88

瓦町 → 琴電志度

元・名古屋市
交通局の車両

大きな川を
眺める女の子

琴電屋島
で下車

おへんろさん。

ネギがたばないよう奮闘

フロシキ

ホームの
隣が車庫!

都会!な瓦町駅

意外と車内で
きっぷを買うんも
いるみたい。

瓦町　今橋　松島二丁目　沖松島　春日川　潟元　琴電屋島　古高松　八栗　六万寺　大町

春日川から弓道部さん
たちがどさっと乗車

疲れているのか
うとうとする
おへんろさん

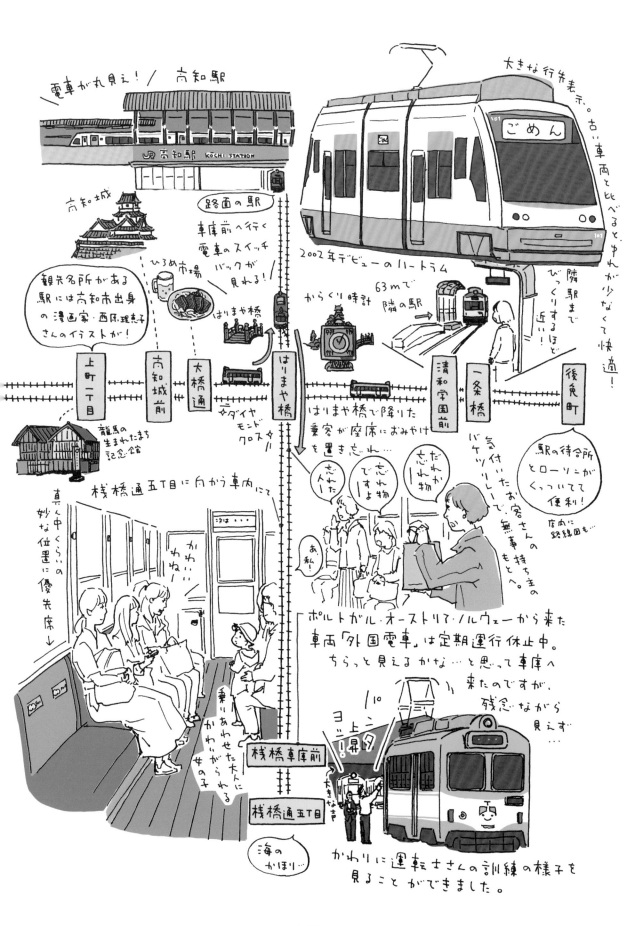

電車が丸見え！／高知駅

JR高知駅 KOCHI STATION

大きな行先表示。古い車両と比べるとゆれが少なくて快適！

ごめん

2002年デビューのハートラム

隣駅までびっくりするほど近い！

高知城

路面の駅

車庫前へ行く電車のスイッチバックが見れる！

ひろめ市場

観光名所がある駅には高知市出身の漫画家・西原理恵子さんのイラストが！

はりまや橋

からくり時計

63mで隣の駅

| 上町一丁目 | 高知城前 | 大橋通 | はりまや橋 | 清和学園前 | 一条橋 | 後免町 |

ダイヤモンドクロス

はりまや橋で降りた乗客が座席におみやげを置き忘れ…

龍馬の生まれたまち記念館

桟橋通五丁目に向かう車内にて

真ん中くらいの妙な位置に優先席→

かわいいね…

忘れ物ですよ

忘れた物

忘れた物

忘れた

あ、私！

気付いたお客さんの無事持ち主のもとへ。

バケツリレーで

駅の待合所とローソンがくっついてて便利！店内に路線図も。

乗りあわせた大人にかわいがられるかわいい女の子↓

ポルトガル・オーストリア・ノルウェーから来た車両「外国電車」は定期運行休止中。ちらっと見えるかな…と思って車庫へ来たのですが、残念ながら見えず…

| 桟橋車庫前 |

| 桟橋通五丁目 |

ヨ上ニニ…県タ

大きな声

海のかほり…

かわりに運転士さんの訓練の様子を見ることができました。

1952年デビュー　今年でなんと67歳！

とさでんに乗って 高知家を体感しよう！

「高知県はひとつの大家族やき。」というキャッチフレーズがあるらしいのですが、高知市を走るとさでんに乗っていると、車内や駅で自然と会話が生まれていて、なんだか納得してしまいます。ふだん人としゃべる方ではない私も、電車を待つおばさまとの世間話を楽しんでしまいました。もちろん「高知城」や「龍馬の生まれたまち記念館」などの観光地へ行くにも、タブレット交換やダイアモンドクロスなどテツ要素を楽しむにも、最高の路面電車なのです。

いの町 紙の博物館

タブレット 交換②

伊野　八代通　咥内　朝倉　鴨部　鏡川橋

山の中のような風景に...

ここから先 単線に！ 一気に本数へります

私が見た時は、駅員さんを介してタブレット交換をしていました。

無線機つきタブレット！

タブレット 交換①

ここからしばらくホームがない駅が続くので、乗り降りは気をつけて！

電車が来るまでは危ないので道端で待機

伊野方面の電車の場合、ここに降りる

バス停みたい

色分けしてあるだけ

後免町行きの電車にて。親戚総勢8人で中心部の商店街へお出かけみたい...

記念撮影

こっち向いて～

2分くらいこのまま

降車ボタン押したーい

押させてもらえない楽くんは不満げ。

嵐電 夏の風景

そうでなくても暑いのに、夏まっさかりの京都へ行ってきました。この空気が皆さんにも伝わりますように。

スイカ 1/2

キャップ+はだけた作務衣

ホームで電車を待っていた友人とばったり!!

あ！こんにちは

あらあ

MAPをひろげる、分かりやすい観光客

天井の扇風機に大はしゃぎ

せんぷうきだ

白い麦わら帽子がまぶしい女子高生

たれてますけど…

終点嵐山駅には足湯が!!有料だけど、記念になるタオルがもらえるよ！

つかれとれる～

応援ありがとう。

乗った車両は「くまもん」ラッピングバージョン。ほかにも、

江ノ電号　レトロ電車　井筒八ッ橋の夕子ちゃん号

etc... カラフルで見ているだけで飽きません!!

空港線→筑肥線直通列車で、空港からお城へ。

福岡空港から西唐津まで、直通の列車に乗ってきました。

移りかわる景色と、人をながめるのが楽しい1時間30分でした。

「ひよこ」は福岡のおみやげです！

足もとに「ひよこ」の紙袋×3＋ビジネスバッグ

9:05 福岡空港

福岡市地下鉄空港線

空港から来たビジネスマン

バッグでガッ

9:11 博多

地上に出てくるだけで妙に感動！

9:30 姪浜

平日だったこともあり、人がどんどん減っていく車内

筑肥線

たしかに移動時間長いけど…

新聞＋本3冊はムリでしょ。

車窓に松原が！駅降りると目の前が松原なので列車とのツーショットも！

勉強中。

優先席 Priority Seat

座席の上にカバーをかぶせることで優先席に変身！あたたかいく。

すごい小っちゃいけど唐津城！

虹ノ松原

唐津 10:22

唐津まで乗ってたサラリーマン。長旅おつかれサマ！

西唐津 10:26

海、松原、唐津城！うん、カンペキ!!それをながめるおRさんもムダにカッコつけてます。

おつかれさま！アオガエル

あっ…ぺしゃん…

かわいい…

廃車寸前！熊本電鉄の5000系（通称アオガエル）に乗ってきました！乗る前は「せっかくの走る博物館なのに…」なんて思ってたんですが、正直乗って納得！でした。なんといっても、ゆれます。色んな電車の中でスケッチしてきましたが、こんな描きづらい電車ははじめて！です。おまけに「冷房をやらない真夏の車内…とか想像すると、今までよくがんばったなぁ、と思います（列車も乗客も）。おつかれさま！アオガエル。

上熊本で最初に目に入るのが、このカオ。もともと運転面だったところを運転できるように改造。どうりで、とってつけたようなカオをしてると思った…。

期待を裏切らない、このカオ。まさにカエル。「かえる」って感じ…。カエル好きじゃなくてもキュンときます。

ニット帽
一眼
大きめ・黒いショルダーバッグ
平日だったので少なかったものの、撮りに来た！感じの人も。

上熊本　韓々坂　池田　打越　坪井川公園　北熊本　藤崎宮前　御代志へ→
ここの区間（たった10分）をひたすら往復しているだけの列車なのです。

「ありがとう5000系」で埋めつくされた車内。お別れ仕様かと思いきや、藤崎宮前⇔御代志間の別の列車内も広告無いスペースが目立ちます。大丈夫かなぁ…

熊電は市民の足なので、学生や買い物帰りの主婦などが自転車と一緒に乗り込む風景が見られるらしいです。そんな光景をスケッチしたいと思い熊電に乗りに行ったのですが、残念！見られませんでした。

こんな寝れるついに、見たことない！！
それでも皆ケータイ・ジャパンなのだなぁ…
こんな感じ…

壁がせまってくる感じ、面白い。くるっとなったカーブとか赤と緑のシートの色がレトロですてき。

第 7 章

旅と鉄道の世界

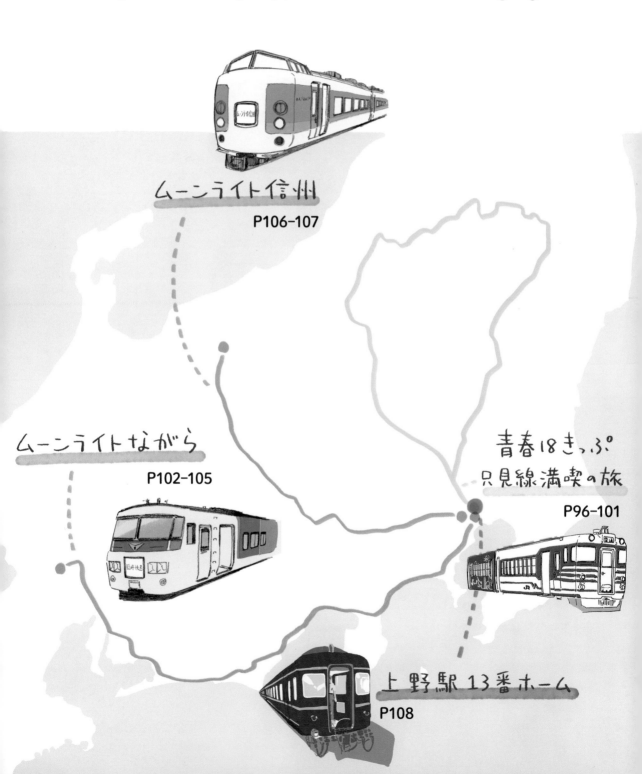

ムーンライト信州
P106-107

ムーンライトながら
P102-105

青春18きっぷ
只見線満喫の旅
P96-101

上野駅13番ホーム
P108

青春18きっぷ （1泊2日） 只見線満喫の旅 イラストルポ

長い休みがなかなかとれない…でも都会から離れておいしい空気を味わいたい、そして「テツ分」も補給したい…!そんな人にぴったりな旅、体験してきました!

水上から長岡行きの電車に乗りかえ。こちらはクロスシート、ロングシートがあったのですが、クロスシートはうまっていたので、ふたたび駅弁はあきらめたのでした。

バッグの中を半死に探すおじいちゃん

歌って場をもりあげるガイドさん

出発!

まずは高崎駅で駅弁をゲット!実は峠の釜めしをねらっていたのですがまだきていない様子。通常8:30か9:00くらいに入荷するんだそうです。

そこでパッと目に入った「ハローキティのだるま弁当」を買うことに。こちらは人気らしく、既にラス1でした!

ねむ…

10:16 越後湯沢
台湾からの団体客にまぎれてロングシートに座りました。
上越線
9:44　9:30 水上
上越線
8:23　高崎　8:17 高崎線　6:26 上野

ここで途中下車
駅のホームでようやく駅弁タイム!

駅弁食べるぞー!とワクワクして乗りこんだところ車内はもれなくロングシート…。がらがらでしたがさすがに駅弁をひろげる勇気はなく…泣く泣くガマンしたのでした…。

錦糸卵
蒸し鶏
ミートボール
栗
キティちゃんウィンナー
キティちゃんかまぼこ
全体にそぼろ

中身までしっかりキティちゃんで、キティちゃんファンじゃなくともドキドキしました!ちょっと甘めの味つけなので女子向けかなー?

双子コーデかと思うほど服装がかぶったおばさんズ組
ベスト+ズボン+運動靴
クロスワードを埋めて1駅で降りていかれました。メッチャ素敵

個性的なファッションセンスのおばさま。花柄の帽子 ゆるっとしたズボン

ここ11人がけ!ながーいロングシート

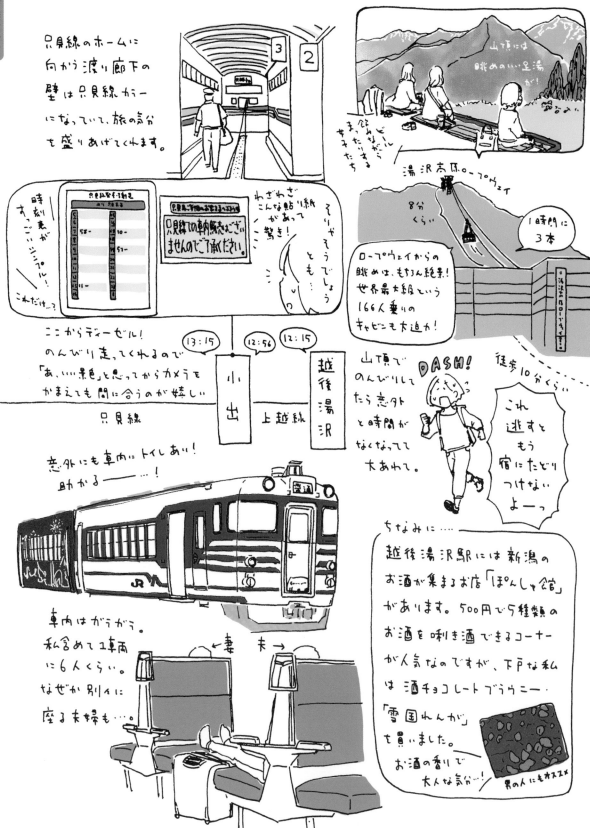

只見線のホームに
向かう渡り廊下の
壁は只見線カラー
になっていて、旅の気分
を盛りあげてくれます。

山頂には
眺めのいい足湯
が！

ビールを飲みながら
まったりする
女子たち

湯沢高原ロープウェイ

8分くらい

1時間に
3本

湯沢高原ロープウェイ

ロープウェイからの
眺めは、もちろん絶景！
世界最大級という
166人乗りの
キャビンも大迫力！

時刻表が
すっごいシンプル！
これだけ…？

わざわざ
こんな貼り紙
があって
驚き！

只見線の車内販売はございませんのでご了承ください。

そりゃ
そうでしょう
とも…

ここからディーゼル！
のんびり走ってくれるので
「あ、…景絶」と思ってからカメラを
かまえても間に合うのが嬉しい

只見線

13:15

12:56

12:15

小出

越後湯沢

上越線

山頂で
のんびりして
たら意外
と時間が
なくなってて
大あわて。

DASH!

徒歩10分くらい

これ
逃すと
もう
宿にたどり
つけない
よーっ

意外にも車内にトイレあり！
助かるーー！

ちなみに……
越後湯沢駅には新潟の
お酒が集まるお店「ぽんしゅ館」
があります。500円で5種類の
お酒を唎き酒できるコーナー
が人気なのですが、下戸な私
は 酒チョコレートブラウニー
「雪国れんが」
を買いました。
お酒の香りで
大人な気分！

男の人にもオススメ

車内はガラガラ。
私含めて1車両
に6人くらい。
なぜか別々に
座る夫婦も…。

←妻　夫→

駅を出たところに代行バスが待機してくれています。

「駅の字が旧字」

只見駅

ここだけ駅間がすごーーく長い！なんと30分くらい走ったままなんです。しかも5分以上トンネルの中で、抜けたと思ったらまたトンネル…おまけにトンネルの中は圏外なので、ちょっとだけ不安になってくる…かも…？

自販機があるのがありがたい！

土地のことをよく知っている運転手さんで、運転しながら「右手に今見えてるのが途中までになってしまった橋です」など色々教えてくれました。会津大塩で2分ほど時間調整があったのですが、その時「カメラお持ちの方、どうぞ降りて写真撮ってきてください」と声をかけてくれたのが嬉しかったです。もちろん撮りに行きました！

ちっちゃく駅名が見える

会津宮下 15:59
会津川口 15:29
15:22
只見 14:32 14:28
大白川

鉄道はやっぱり快適！ ホッ(´)

只見線
只見線 代行バス

ここで1泊

背景の山にとけこむ緑色のライン

2両目はながーいロングシート。車内がさっきよりローカル感出てきたような…？

車内全員知り合いって感じ…？私以外

←こっちと こっち→でおしゃべり
友達
よちよち

※会津川口～只見間は2022年10月に復旧しています。

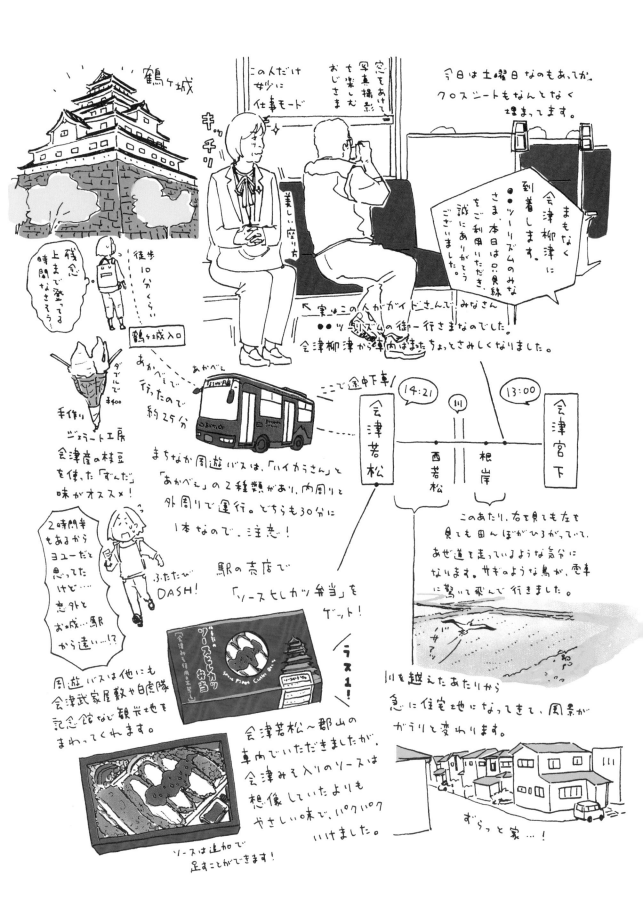

鶴ヶ城

今日は土曜日なのもあってか、クロスシートもなんとなく埋まってます。

この人だけ妙に仕事モード
キョトリ
空をあけて写真撮影を楽しむおじさま
美しい座り方

まもなく会津柳津に到着します。●●ツーリズムのみなさま 本日は只見線をご利用りいただき、誠にありがとうございました。

残り上まで登ってる時間なさそう…
特急
徒歩10分くらい
鶴ヶ城入口

実はこの人がガイドさんで、みなさん●●ツーリズムの御一行さまなのでした。会津柳津から車内はまたちょっとさみしくなりました。

ダブルで¥400
手作りジェラート工房
会津産の枝豆を使った「ずんだ」味がオススメ!

あかべぇで行ったので約25分
あかべぇ
ここで途中下車!

14:21　13:00
会津若松　川　会津宮下
西若松　根岸

まちなか周遊バスは、「ハイカラさん」と「あかべぇ」の2種類があり、内周りと外周りで運行。どちらも30分に1本なので、注意!

2時間半もあるからユーユーだと思ってたけど……意外とお城…駅から遠い…!?
ふたたびDASH!

駅の売店で「ソースヒレカツ弁当」をゲット!

このあたり、右を見ても左を見ても田んぼがひろがっていて、あぜ道を走っているような気分になります。サギのような鳥が、電車に驚いて飛んで行きました。

周遊バスは他にも会津武家屋敷や白虎隊記念館など観光地をまわってくれます。

ラス1!

会津若松〜郡山の車内でいただきましたが、会津みそ入りのソースは想像していたよりもやさしい味で、パクパクいけました。

ソースは追加で足すことができます!

川を越えたあたりから急に住宅地になってきて、風景がガラリと変わります。

ずらっと家…!

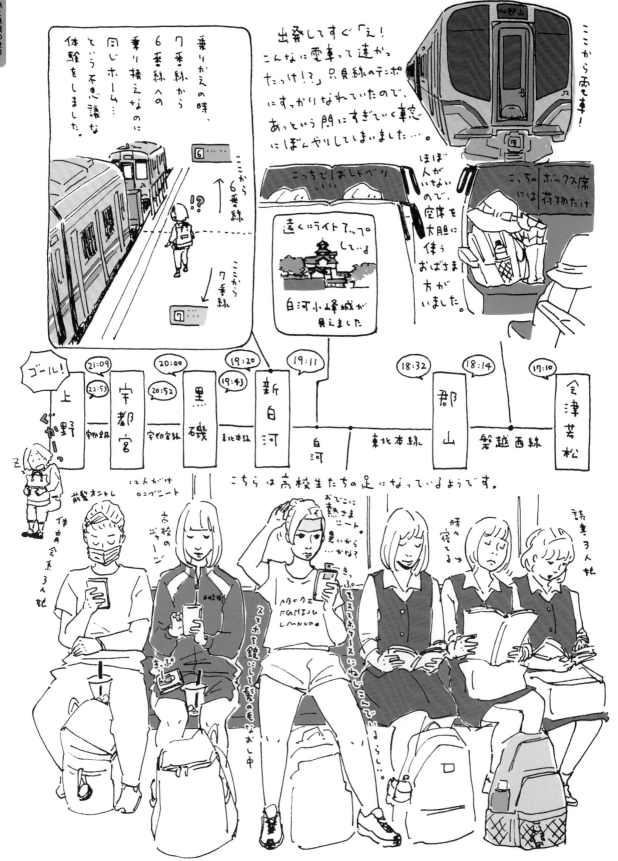

「ムーンライトながら・信州」に乗ってきました！

はじめての夜行列車！で乗って見たもの・聞いたものをイラストで紹介します。

ムーンライトながら

東京〜大垣間を結ぶ夜行快速列車。2009年〜利用者が多い時季にのみ運行する臨時列車に。車両はかつて特急「踊り子」に使われていた185系。

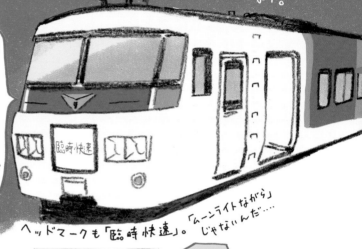

ヘッドマークも「臨時快速」。「ムーンライトながら」じゃないんだ…

夜の東京駅 START

女子トイレはこんな感じ。男子が見たら女子に幻滅しちゃうかな？（ごめんね）

22:30

汗フキシートで足の裏フキフキ…

洗顔を念入りにする人も。

← メイクおとし

8番ホームにて「ながら」を待つ人々

22:45

山へ登りに行くのかな？

※「ムーンライトながら」は2020年3月に運行が終了しています

子どもになにするんだ!!

邪魔なんだよ。

エスカレーターでは
男同士のケンカが
勃発!!

乗りかえ2分…と聞くと
ついあせっちゃうかもしれま
せんが、隣のホームなので
実は記念撮影してから、
のんびり行っても余裕!
おととしのダイヤ改正で
乗りかえる列車が4両→
8両になったこともあり、急が
なくても座れる可能性
が高くなりました!

大垣駅へ着くなり…
京都・大阪方面へ向かう下り列車へ
乗りかえようと走る、名物(?)
「大垣ダッシュ」がスタート!!

車内アナウンスが
「おはようございます。」
これで起きる人多数。

熱いあまって
スマホ
落とすことも...ひとつ

GOAL

5:50 大垣
5:41 岐阜
5:21 名古屋

「大垣ダッシュ」に備えて、
わずかな停車時間に
1号車へ移動しようとする人も

養老
鉄道

そう西へ
急がずに…
大垣駅から
ローカル線に
乗っても
いいかも!?

樽見鉄道

ムーンライトながらに
乗ってみての感想

・夜行列車は独特の
ワクワク感があって楽しい!!

・電気がついているのに誰も
いないホームが見れるのも
夜行列車ならでは。

・リクライニングは限度が
あるので、ネックピローを
持参するなど工夫してみて!

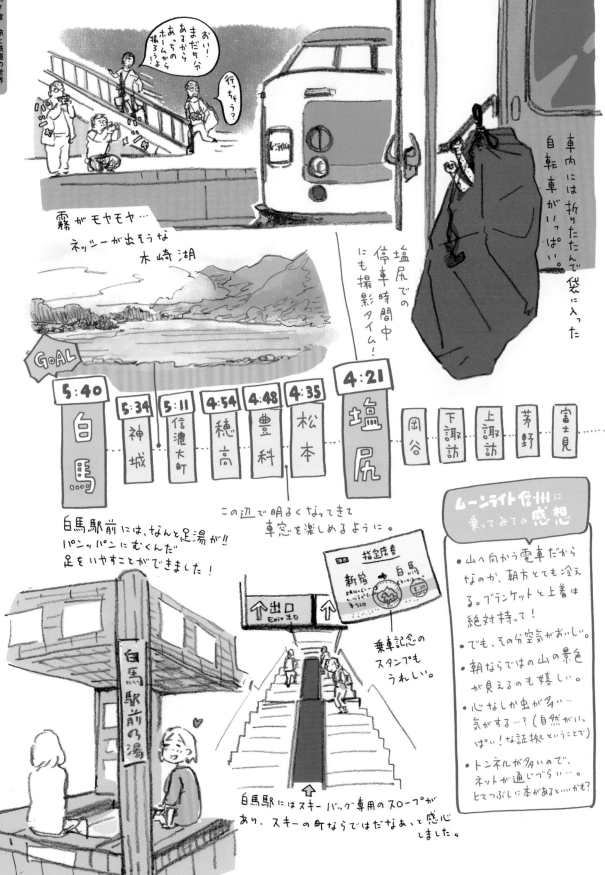

おい！まだ5分あるから あっちのホームから撮ろうよ！

行っちゃう？

霧がモヤモヤ…
ネッシーが出そうな
木崎湖

塩尻での停車時間中にも撮影タイム！

車内には折りたたんで袋に入った自転車がいっぱい。

GOAL

5:40 白馬 ／ 5:34 神城 ／ 5:11 信濃大町 ／ 4:54 穂高 ／ 4:48 豊科 ／ 4:35 松本 ／ 4:21 塩尻 ／ 岡谷 ／ 下諏訪 ／ 上諏訪 ／ 茅野 ／ 富士見

この辺で明るくなってきて車窓を楽しめるように。

白馬駅前には、なんと足湯が!!
パンパンにむくんだ足をいやすことができました！

白馬駅前の湯

指定席券　新宿 ⇄ 白馬

出口 Exit 出口

乗車記念のスタンプもうれしい。

白馬駅にはスキーバッグ専用のスロープがあり、スキーの町ならではだなぁと感心しました。

ムーンライト信州に乗ってみての感想

・山へ向かう電車だからなのが、朝方とても冷える。ブランケットと上着は絶対持って！

・でも、その分空気がおいしい。

・朝ならではの山の景色が見えるのも嬉しい。

・心なしか虫が多い…気がする…？（自然がいっぱい！な証拠ということで）

・トンネルが多いので、ネットが通じづらい…。ヒマつぶしに本があると…いいかも？

※ 寝台特急「北斗星」は2015年8月に運行が終了しています

第 8 章

ギリシャの鉄道

ギリシャ・アテネのメトロ

P110–111

LINE1

LINE2

LINE3

ギリシャ・アテネ
のトラム

P112–113

点線 ━━━ は、取材当時建設されていなかった区間です。

フリーダム!! ギリシャ・アテネのメトロ

夏にギリシャの首都・アテネを旅してきました。アテネのメトロは LINE 1 ～ LINE 3 の路線があり、このうち主に使った LINE 1 と LINE 3 で出会った人々をご紹介します。

LINE 1

ユーロ €9（約1150円）

↑5日有効と書いてある

↑刻印

お得！アテネ中心部のメトロ・トラム・市内バス・トロリーバスに使える5日券

ホームの手前にある刻印機でチケットを刻印して乗ります。

ピッ

刻印していないのが見つかると、なんと普通運賃の60倍の罰金が!?

ラクガキだらけの車両。

もはやアート♡

夕方のメトロは人がいっぱいでちょっとしたカオス！

どさくさにまぎれて2人組のスリも登場

① 妙にぐいぐい押してくるひと

ガラスにヒビ入ったまま

ふたりの世界♡通りづらい……

ツレ↓

ぐいぐいぐい

② 押されてしょうがなく……とリュックを押しつけつつ、さりげなくゴソゴソ……

サイフの入ったポケットには手を入れてたので無事でした。

乗ってる間ずっとこんな感じ

うっとり♡

地下鉄の入り口なんかで売ってるパン

フラッペ
ギリシャ人に人気の泡立ちインスタントコーヒー

※情報は取材時のものです。その後、ギリシャの鉄道網が発展しています

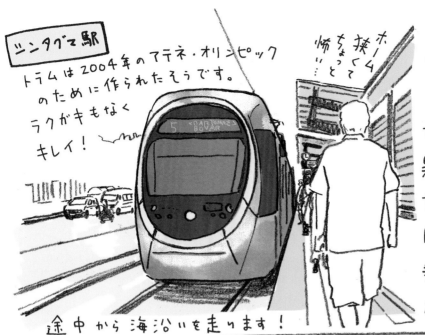

海が目の前！ギリシャ・アテネのトラム

アテネ旅行中…暑すぎて海に入りたくなってきたのでトラムに1時間ほど乗って海水浴へ出かけました。

ツンダグマ駅
トラムは2004年のアテネ・オリンピックのために作られたそうです。ラクガキもなくキレイ！

ホーム狭くてちょっと怖い…

途中から海沿いを走ります！

行きの車内

妹の三つ編みいじるお兄ちゃん

おじいちゃんと一緒に海へ行くところと思われる。

やめてよ〜

物売り？どこでこの大きなピンチを誰に売るんだろう…

ゴザ

海が見えてくると降りる人が増え、車内はガラガラに。私は脱衣所＋ロッカー・シャワーなどがちゃんとあるビーチへ行きたかったので、もう少し先の「プラティア・エスペリドン」駅まで乗り、有料の「アステラス・グリファダビーチ」へ行きました。

ざっくり
トラム 路線図
鉄道
S・E・F
シンタグマ
メトロ LINE1
メトロ LINE3
メトロ LINE2
トラム
プラティア・エスペリドン
アスクリピオ・ゲーラ

マンションとファストファッションに囲まれた駅。
中央分離帯にそのまま線路ひいたみたいにも見える。
H&M
ZARA

軌道に書々と生した草

プラティア・エスペリドン駅

帰りの車内

買い物帰りのおばさまたち

帰りの電車内は、海からそのまま帰ってきたような人や、ビーチの近くのショッピングモールなどで買い物してきた人たちでいっぱい！

列車の連結部分にたまる人々。→
中側につめるの嫌なのかな？

↑海パン

もしかして水着のまま…？

防水のツルツルバッグ→

ボール

※情報は取材時のものです。その後、ギリシャの鉄道網が発展しています

113

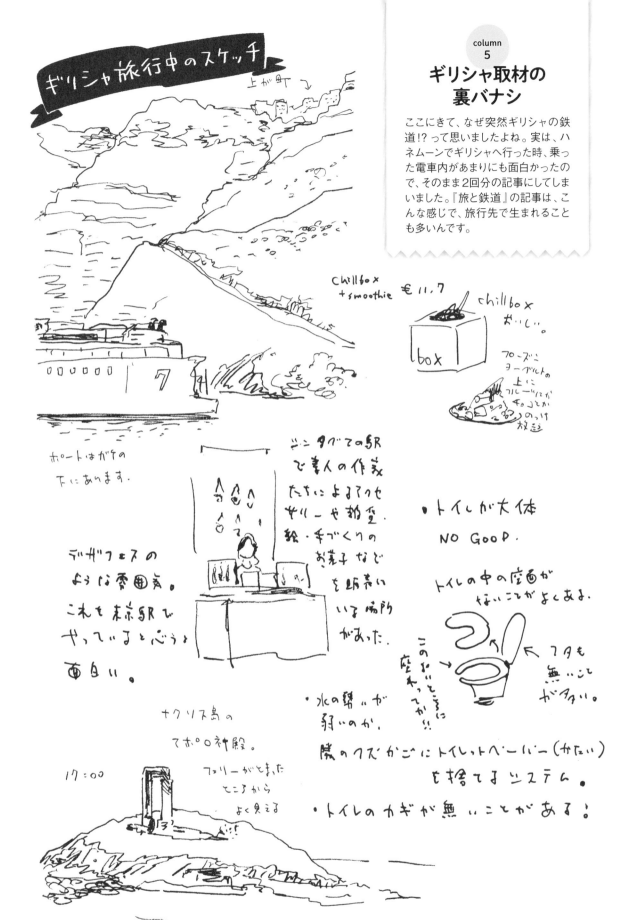

ギリシャ旅行中のスケッチ

上が町

column
5

ギリシャ取材の裏バナシ

ここにきて、なぜ突然ギリシャの鉄道!? って思いましたよね。実は、ハネムーンでギリシャへ行った時、乗った電車内があまりにも面白かったので、そのまま2回分の記事にしてしまいました。『旅と鉄道』の記事は、こんな感じで、旅行先で生まれることも多いんです。

chillbox ＋smoothie € 11.7

chillbox おいしい。

box

フローズンヨーグルトの上にフルーツとかチョコとかのっけ放題

ポートはその下にあります。

ラッタグべての駅と素人の作成

たちによるそのセサリーや物望。絵・手づくりのお菓子などを販売いてる場所があった。

デザフェスのような雰囲気。これを新宿駅でやってると思う。面白い。

ナクソス島のアポロ神殿。

17：00

フェリーがとまったところからよく見える

トイレが大体 NO GOOD.

トイレの中の座面がないことがよくある。

フタも無いことがおおい。

・水の勢いが弱いのが。

隣のクズかごにトイレットペーパー（かたい）を捨てるシステム。

・トイレのカギが無いことがある！

第 9 章

気になる乗客たち

日焼け対策ばっちり！

パンチきいたおばさま

ウェスタンなおじさま

あーつーっ！

造花サンダル ボストンキャリーのチャックあいてる…

PCR検査の車内広告を撮るひと

この頃まだこういうの珍しかった…

昼間のすいている時間帯の電車では1つおきに座るのが暗黙のマナーに。最近は気にしない人も増えてきたようですが…。

聞いた話ですがハンカチを介してつり革を持つ人もいるそうです。

リュックしょったまま

バッグでソーシャルディスタンス

あきらめてドア前に立つひと

どこも触らずに立つサラリーマン

時々、隣に座ると席を立つ人も…

気まずそうなおばさま

マスクいろいろ

不織布マスクをにぎりつぶす男性

換気口付きマスク＋エスニックワンピ

相談しながら
新型コロナワクチン接種
の予診票
を記入する
親子

こうやって…

今インド株とか
きてるもんねー

インド株って
言い方どうなん
だろ…

PCR検査の
車内広告。を
撮るひと

ちょうど
この頃
「デルタ株」
と呼ぼう。
と報道でも
言われはじめ
ていました。

2020.11
京浜東北線

この頃まだ
こういうの
珍しかった…

2021.
中央線

スマホを入れるケース(たぶん)

靴
半分ぬいでる

たぶん
大手町の
大規模
接種センター
へ行くところ

2021.6
東急池上線

友達の除菌ジェルを借りる
女子

すごい
いい匂い

ヨーロッパ
のやつ
なんだ

コロナ禍の
電車内②

2021年1月号に掲載された
「車内絵日記Vol.41 コロナ禍
の電車内」から約1年。
この間に電車内で見
かけた人々のスケッチ
です。1年前の
記事ともぜひ
比べてみて
下さい。

あーつ…

マスクの隙間からなんとか
風を入れ
ようとする
サラリーマン

2021.7
京浜東北線

たまーに見る。

マスクして
ない人々

2021.4
山手線

よく見ると
靴モ
ない…

2021.4
東急池上線

2021.4 山手線

2021.4
山手線

アイディア商品!
リュックに
ぶら下げられる
除菌ジェル

2021.6
京王線

二重マスクのスタイルもいろいろ

2021年〜よく見かけるようになったー立体マスク。化粧がつきにくいんだとか

2021.4
東急池上線

不織布マスク on 不織布マスク

N95マスク
下に不織布？

白い手袋

2021.9
京王線

不織布マスク
ウレタンマスク

2021.9
東急池上線

不織布マスク
ウレタンマスク

2021.9
東急池上線

トラ柄のマスク

2021.4
東急池上線

2021.9
東急池上線

マスク
いろいろ

2021.1
京浜東北線

自粛マスクな上司と部下

マスクのつけ方・選び方も十人十色。

2021.7
東急池上線

首のうしろでマスクをとめるひと

葬儀に向かう女性3人組

2021.6
東急池上線

マウスゴールド

なぜか電話する時だけあごマスクに…

2021.8
京浜東北線

すごく隙間のあるマスク

2021.8
京浜東北線

葬儀にしてはネックレス・指輪がハデすぎ？

2021.9 京王線

119

パンチきいた
おばさま

胸もとに
ゴツめの
チェーンアクセ

2018
9/7
14:45
東武
東上線

造花サンダル

バブリーなおばさま

2019
7/22
都営
浅草線

ヒョウ柄
Tシャツ

日焼け対策
ばっちり!!

紙袋とバッグで
手もといっぱい
都営浅草線

ボストンキャリーの
チャックあいてる...

2019
2/27 都営浅草線
15:55 ウェスタンな
おじさま

魚のネックレス
がチャーミング♡
2018 7/24

電車内
ファッションショー

ファッション誌顔負け?
個性あふれる服装
に注目!

2018
1/13

東急東横線

2019
9/3
東急池上線

がっちりした髪と
化粧

コスメとか...?

おけいこ
かな...?

2018
4/20 19:15
みなとみらい線

道着の女の子

2019
8/31
10:45
東急
大井町線

2018
12/8
JR中央線

ビビッドな
おばあちゃま

コートのポケット
に水のペットボトル

カラフルなポーチ

ガサゴソ

ペアのワイドパンツ

長すぎてひきずってる

新聞の読み方、人それぞれ。

電車の中で
ブックなおじさん。

朝から
チョコチップメロンパン

食べる時ナナメ上を
見つめるクセがある。

小指にうまいこと
小さいバッグ
ひっかけて
持ってる。

ジュース吸いっぱなし
(一駅以上)
もう空でしょ。

すごく
イラッ
とくる、ガムの
かみかた。

クッチャ
クッチャ
クッチャ
クッチャ

一番搾り片手に
読書。

勝手に車内食堂

車内朝食。
よくかんでベーグルか
ドーナツを
食べて
いた。♪

まさかの…おハシ!?マ
時代はここまで
きたか。

すっかり
カフェ気分。

独創的な
チョイス

のままの

とまってる電車の中
で壁の方むいて
こっそりとお菓子
食べるおばさん。
ささ…と
食べて
そそくさと
降りてった。

車内でよくかんで食べる人、てめずらしい。

地下鉄でゼリー
食べる外人さん。
ゼリーはすごい。
というか、外人
さんが車内
で食べたり
化粧
(この顔
してた)
するのを
はじめて
見た。

少年ジャンプ。

大王の
クマの
キーホルダー

ペロペロ
キャンディ
なめつづける
男の子。

"ミニマムな
ファッション"。

みんな思い思いのもの
食べて車内で満喫
しとる。

勝手に寝台車

「こういう人いるなあ」
と引き込まれた車内絵日記

　ぼくは車窓から流れゆく景色を見るのが好きだ。都会の電車に乗っていても、車窓に目を向けていれば大満足。周囲を遮断し、自分の旅の世界に入れる……。

　その対極にあるのが、大崎メグミさんの「車内絵日記」である。

　今からちょうど10年前、フリーペーパーとして制作されていた作品に出会った。そこには今までぼくが遮断していた世界が広がっていたのである。

　大崎さんの視線は列車を利用している乗客に注がれている。それをふんわりとした軽妙なペンづかいでスケッチされていた。

　個性的な風体や態度の面白い人を描くスケッチもあったが、多くは変哲もない群衆の中に埋もれている人々がテーマとなっている。車内で新聞やスマホを見る人、化粧をする人、食事をとる人、寝ている人……。それらの対象を大崎さんは精緻な観察で表現していく。

　つい「こういう人いるなあ」と引き込まれ、隣に誰かいれば「こういう人いるよね」と話に巻き込まずにはいられなくなってしまうのだ。

　コロナ禍にあっては車内の様相は一変した。大崎さんはその最中にもペンを走らせた。数年後には異様な景色に思える（そうなって欲しい）かも知れないが、これは時代や文化を記録する貴重な作品である。

　大崎さんの作品に出会い、列車に乗ることの楽しみが増えた。ついにぼくも乗客観察という新しい鉄道趣味にめざめたのである。

　ただし、じろじろと他人を見つめるわけには行かない。そうなればただの怪しい人だ。

　大崎さんはカバンの中でこっそりとペンを走らせているという。一体、どうやって鋭い観察眼を向けているのだろうか。今度、車内でこっそりスケッチをしている大崎さんに出会ったら、ぜひその極意を教えてもらいたいと思っている。

2023年2月吉日　**松本典久**

初出一覧

『旅と鉄道』の連載企画「車内絵日記」を、
2014年3月号から2023年3月号を一部加筆、再編集してまとめています。

ブックデザイン　大久保敏幸・斉藤祐紀子・徳野なおみ
　　　　　　　　（有限会社 大久保敏幸デザイン事務所）

編集　真柄智充（「旅と鉄道」編集部）
編集協力　木村嘉男

鉄道
車内絵日記

2023 年 3 月 28 日　初版第 1 刷発行

著　者　大崎メグミ
発行人　勝峰富雄
発　行　株式会社天夢人
　　　　〒101-0051　東京都千代田区神田神保町 1-105
　　　　https://www.temjin-g.co.jp/
発　売　株式会社山と溪谷社
　　　　〒101-0051　東京都千代田区神田神保町 1-105
印刷・製本　大日本印刷株式会社

◉ 内容に関するお問合せ先
　「旅と鉄道」編集部　info@temjin-g.co.jp　電話 03-6837-4680

◉ 乱丁・落丁に関するお問合せ先
　山と溪谷社カスタマーセンター　service@yamakei.co.jp

◉ 書店・取次様からのご注文先　山と溪谷社受注センター
　電話 048-458-3455　FAX 048-421-0513

◉ 書店・取次様からのご注文以外のお問合せ先
　eigyo@yamakei.co.jp